Ein eindringlicher Appell – von einem der wichtigsten indigenen Vordenker Brasiliens.
Die Menschheit steht vor der globalen Katastrophe. Der brasilianische Umweltaktivist Ailton Krenak sieht den Grund dafür in unserer bisherigen Definition vom Menschen – als Krone der Schöpfung, die berechtigt ist, die Natur nach Belieben auszubeuten. Sein eindringlicher Appell: Um unseren kollektiven Marsch in den Abgrund zu stoppen, müssen wir uns neu orientieren, veraltete Denkmuster loslassen und einen Weg zurück zu unserem Ursprung finden. Dabei helfen uns die verschiedenen kulturellen Auslegungen vom Menschsein, die überall auf dem Planeten zu finden sind. Nur so können wir das Ende der Welt vertagen.

AILTON KRENAK wurde 1953 in Minas Gerais im Tal des Rio Doce geboren. Er gilt als eine der wichtigsten Stimmen der indigenen Bewegung in Brasilien. Krenak arbeitete unter anderem mit der Aliança dos Povos da Floresta (Allianz der Waldvölker) zusammen, einer Organisation von Fluss- und indigenen Gemeinschaften im Amazonasgebiet, die sich für die Stärkung der Rechte indigener Völker einsetzt. Außerdem ist er Mitverfasser des UNESCO-Antrags, der 2005 die Gründung des Biosphärenreservats Serra do Espinhaço ermöglichte. 2016 wurde er mit dem Orden für kulturelle Verdienste ausgezeichnet und ist Ehrendoktor der Bundesuniversität von Juiz de Fora, Minas Gerais.

AILTON KRENAK

IDEEN,
UM DAS
ENDE DER
WELT
ZU VERTAGEN

Aus dem brasilianischen
Portugiesisch von Michael Kegler

btb

Die brasilianischen Originalausgaben erschienen jeweils 2019
und 2020 als folgende Einzeltitel:
Ideias para adiar o fim do mundo und *A vida não é útil* bei
Companhia das Letras, São Paulo.

Penguin Random House Verlagsgruppe FSC® N001967

3. Auflage
Deutsche Erstveröffentlichung Mai 2021
Ideias para adiar o fim do mundo Copyright © 2019 by Ailton Krenak
A vida não é útil Copyright © 2020 by Ailton Krenak
Copyright © der deutschsprachigen Ausgabe 2021
by btb Verlag in der Penguin Random House Verlagsgruppe GmbH,
Neumarkter Straße 28, 81673 München
produktsicherheit@penguinrandomhouse.de
(Vorstehende Angaben sind zugleich
Pflichtinformationen nach GPSR)

Umschlaggestaltung: semper smile, München
Umschlagmotiv: © Shutterstock/Ensuper; 7th Sun
Satz: GGP Media GmbH, Pößneck
Druck und Einband: GGP Media GmbH, Pößneck
JT · Herstellung: sc
Printed in Germany
ISBN 978-3-442-77112-7

www.btb-verlag.de
www.facebook.com/penguinbuecher

wurde als Vortrag am 12. März 2019 am Institut für Sozialwissenschaften der Universität von Lissabon gehalten, im Rahmen einer Vortragsreihe unter der Leitung von Susana de Matos Viegas im Begleitprogramm der »Amerindischen Filmschau: Wege des indigenen Films in Brasilien«.

wurde als Vortrag in Lissabon im Teatro Maria Matos am 6. Mai 2017 gehalten. Transkription: Joëlle Ghazarian.

Text auf der Grundlage des Gesprächs »Como adiar o fim do mundo« (Wie lässt sich das Ende der Welt vertagen), O Lugar, 18. März 2020 eines Livestreams mit Jornalistas Livres am 9. Juni 2020 und eines Interviews mit Fernanda Santana, »›Vida sustentável é vaidade pessoal‹, diz Ailton Krenak« (Nachhaltiges Leben ist persönliche Eitelkeit, sagt Ailton Krenak), Correio, 25. Januar 2020.

IDEEN, UM DAS ENDE DER WELT ZU VERTAGEN

Als ich zum ersten Mal auf dem Flughafen von Lissabon landete, beschlich mich ein eigenartiges Gefühl. Mehr als fünfzig Jahre lang hatte ich es vermieden, den Ozean zu überqueren, aus persönlichen und aus historischen Gründen. Ich hatte nichts zu besprechen mit den Portugiesen – nichts Weltbewegendes, und ich wollte nicht.

Zur Fünfhundertjahrfeier der Überfahrt von Cabral und seinen Leuten lehnte ich eine Einladung nach Portugal ab und sagte: »Das ist eine Feier der Portugiesen, ihr feiert den Überfall auf mein Eckchen der Welt. Ohne mich.«

Aber auch darüber wollte ich mich nicht

streiten und dachte: »Mal abwarten, was noch kommt.«

Als Lissabon 2017 iberoamerikanische Kulturhauptstadt war, gab es eine Reihe sehr interessanter Veranstaltungen, Theater, Filmvorführungen und Vorträge. Ich wurde erneut eingeladen, und diesmal sollte auch unser Freund, der Anthropologe Eduardo Viveiros de Castro, einen Vortrag dort halten unter dem Titel »Die Unfreiwilligen des Vaterlands«. Ich dachte mir: »Das interessiert mich, da fahre ich mit.« Am Tag nach seinem Vortrag hatte ich die Gelegenheit, vielen Leuten zu begegnen, die sich für die Premiere des Dokumentarfilms *Ailton Krenak e o sonho da pedra** von Marco Altberg interessierten. Der Film ist eine gute Einführung in das Thema, über das ich hier sprechen möchte: Wie wir in zweitausend, dreitausend Jahren die Vorstellung einer Menschheit entwickelten. Ist diese Vorstellung vielleicht der Grund für so viele falsche Entscheidungen, eine Rechtfertigung von Gewalt?

Die Vorstellung, weiße Europäer dürften los-

---

* dt. etwa: Ailton Krenak und der Traum vom Stein

ziehen und die übrige Welt kolonisieren, basierte auf der Annahme, es gebe eine Menschheit, die aufgeklärt ist und sich aufmachen müsse, den Teil der Menschheit, der in Dunkelheit lebt, mit diesem unglaublichen Licht zu beglücken. Dieser Ruf in den Schoß der Zivilisation wurde immer damit begründet, es könne nur eine bestimmte Art geben, hier auf der Welt zu sein, eine Wahrheit, eine Konzeption davon. Nach dieser wurden zu unterschiedlichen Zeiten der Menschheitsgeschichte sehr viele Entscheidungen getroffen.

Nun hat, am Anfang des 21. Jahrhunderts, die Zusammenarbeit von Denkern mit unterschiedlichen Ansichten und aus unterschiedlichen Kulturkreisen eine Kritik dieser Vorstellung ermöglicht: Sind wir tatsächlich eine Menschheit?

Denken wir an unsere etabliertesten Institutionen, die Universitäten und die im 20. Jahrhundert entstandenen internationalen Organisationen: die Weltbank, die Organisation der amerikanischen Staaten (OAS), die Organisation der Vereinten Nationen (UNO), die Organisation der Vereinten Nationen für Bildung, Wissenschaft und Kultur (UNESCO).

Als wir einmal eine Region in Brasilien zum

Biosphärenreservat erklären wollten, mussten wir vor der UNESCO begründen, warum es wichtig sei, dass die Erde nicht völlig vom Bergbau verschlungen wird. Für die Organisation scheint es auszureichen, ein paar Orte als Gratisproben der Erde zur Ansicht zu erhalten. Sollten wir überleben, werden wir uns irgendwann um die kleinen Stücke der Erde streiten, die wir noch nicht aufgefressen haben, und unsere Enkel und Ururenkel – oder die Enkel unserer Ururenkel – werden Ausflüge dorthin unternehmen, um zu sehen, wie die Erde einmal ausgesehen hat. Die Agenturen und Institutionen sind als Strukturen dieser Menschheit konzipiert und werden als solche betrieben. Und wir legitimieren ihr Fortbestehen, beugen uns ihren Entscheidungen, die oft keine guten sind und uns nur Verlust bringen, weil sie im Dienst einer Menschheit stehen, von der wir uns einbilden, ihr anzugehören.

Meine Reisen durch unterschiedliche Kulturen und Orte der Welt erlauben mir eine Beurteilung des Versprechens, das beim Eintritt in diesen Klub namens Menschheit gegeben wird. Und ich denke mir: »Warum wollen wir ständig und so lange schon Mitglied in diesem Klub sein, der doch meist nur unseren Erfindungsreichtum, unsere Kreativität, unsere Existenz und Freiheit beschränkt?« Erneuern wir damit nicht andauernd nur unsere alte Bereitschaft zur freiwilligen Unterwerfung? Wann werden wir endlich begreifen, dass sich die Nationalstaaten längst aufgelöst haben und die alte Idee dieser internationalen Agenturen schon von Anfang an gescheitert war? Stattdessen suchen wir ständig nach Wegen, um neue und die doch immer gleichen Ideen für unseren Zusammenhalt als Menschheit zu entwickeln.

Wie aber lässt sich eine Menschheit rechtfertigen, die mehr als 70 % ihrer Mitglieder vom Existenzminimum ausschließt? Die Modernisierung hat diese Leute vom Land und aus den Wäldern in die Elendsviertel und armen Vorstädte getrieben, sie zu Arbeitskräften in der Stadt gemacht. Die Leute wurden aus ihren Zusammenhängen gerissen, von ihren Ursprüngen weggeholt und in diesen riesigen Mixer namens Menschheit gestopft. Wenn die Leute nicht zutiefst verwurzelt sind in der Erinnerung an ihre Ahnen, in den Bezügen, auf die sich Identität gründet, werden sie in dieser irren Welt, in der wir leben, verrückt.

»Ideen, um das Ende der Welt zu vertagen« – der Titel ist eine Provokation. Ich war gerade im Garten, als man mir das Telefon brachte und sagte: »Da ruft jemand von der Universität von Brasília an, du sollst an einer Tagung über nachhaltige Entwicklung teilnehmen.« (Die Universität von Brasília hat ein Zentrum für nachhaltige Entwicklung und einen entsprechenden Masterstudiengang.) Ich freute mich über die Einladung und sagte zu, und dann hieß es: »Wir brauchen einen Titel für Ihren Vortrag.«

Ich war so mit meiner Arbeit im Garten beschäftigt, dass ich antwortete: »Ideen, um das Ende der Welt zu vertagen.« Die Leute haben das ernst genommen und ins Programm geschrieben. Ungefähr drei Monate später bekam ich den nächsten Anruf: »Morgen ist das, haben Sie Ihr Flugticket nach Brasília?« »Morgen?« »Genau, morgen halten Sie diesen Vortrag über das Vertagen des Weltuntergangs.«

Am nächsten Tag regnete es, und ich dachte: »Wie schön, es wird niemand kommen.« Aber zu meinem Erstaunen war der Hörsaal voll. Ich fragte: »Sind das alles Leute aus dem Masterstudiengang?« Meine Freunde antworteten: »Nein, es sind Leute von der ganzen Uni, sie sind neugierig darauf, wie man das Ende der Welt vertagen kann.« »Ich auch«, antwortete ich.

Die Begegnung mit diesen Leuten ließ mich viel über den Mythos der Nachhaltigkeit nachdenken, ein Begriff, der von den großen Konzernen erfunden wurde, um ihren Raubzug an dem zu rechtfertigen, was wir Natur nennen. Lange Zeit hat man uns mit dieser Vorstellung einer Menschheit ruhiggestellt. Und in der Zwischenzeit – solange des Menschen Wolf noch nicht da ist – haben wir uns von dem Organismus Erde, zu dem wir gehören, entfremdet und dachten irgendwann, Erde sei das eine, und wir – diese Menschheit – seien etwas anderes. Ich aber kann nicht erkennen, wo etwas anderes sein soll als Natur. Alles ist Natur. Der Kosmos ist Natur. Alles, was ich mir vorstellen kann, ist Natur.

Ich habe mal eine Geschichte über einen europäischen Wissenschaftler gelesen, der Anfang des 20. Jahrhunderts in den Vereinigten Staaten das Territorium der Hopi besuchte. Er hatte jemanden aus dem Dorf gebeten, ihm zu helfen eine alte Frau zu interviewen. Als sie zu ihr kamen, stand die alte Frau an einem Felsen. Der Wissenschaftler wartete, und dann fragte er: »Will sie nicht mit mir reden?« Der Mittelsmann antwortete: »Sie unterhält sich gerade mit ihrer Schwester.« »Aber das ist ein Stein.« Und der Mann sagte: »Na und?«

Es gibt einen felsigen Berg dort, wo der Rio Doce 2015 vom Schlamm aus dem Bergwerk überschwemmt wurde.* Das Dorf Krenak liegt am linken Ufer des Flusses, rechts ist das Gebirge. Ich habe gelernt, dass das Gebirge Takurak heißt und eine Persönlichkeit hat. Morgens früh schauen die Leute vom Platz in der Mitte des Dorfes auf das Gebirge und wissen, ob es ein guter Tag sein wird oder ob man sich lieber zurückhält. Wenn er ein Gesicht macht wie »sprich mich lieber nicht an«, sind die Leute gewarnt. Wenn er strahlend erwacht, schön, helle Wolken um seinen Kopf kreisen, wenn er sich schön gemacht hat, sagen

---

* Im November 2015 brach der Damm eines Rückhaltebeckens für Klärschlamm der Bergbaugesellschaft Samarco im Besitz der multinationalen Konzerne Vale und Billiton. Um die 45 Millionen Kubikmeter Abraum aus dem Eisenerzbergbau ergossen sich in die Umwelt, was sich auf Jahre dramatisch auf das Leben von Tausenden Menschen auswirkt, unter anderem auf die Bevölkerung in den Dörfern der Krenak.

die Leute: »Jetzt kann man feiern, tanzen, fischen, man kann tun, was man will.«

So gibt es wie diese Dame aus dem Volk der Hopi, die mit ihrer Schwester, dem Stein redete, viele Leute, die mit Bergen reden. In Ecuador, in Kolumbien, in einigen dieser Andenregionen gibt es Orte, wo Berge Paare sind, es gibt Mutter, Vater, Kinder, Bergfamilien, die einander mögen, sich austauschen. Und die Leute, die in den Tälern leben, veranstalten Feste für diese Berge, geben ihnen zu essen, beschenken sie, werden beschenkt von den Bergen. Warum sind wir nicht völlig begeistert von diesen Erzählungen? Warum werden sie vergessen und ausgelöscht für eine globalisierende, oberflächliche Erzählung, die uns immer wieder dieselbe Geschichte weismachen will?

Die Massai in Kenia gerieten einmal in einen Konflikt mit der Kolonialverwaltung, weil die Engländer ihren Berg zu einem Nationalpark machen wollten. Sie wehrten sich gegen diesen banalen, vielerorts in der Welt selbstverständlichen Gedanken, einen heiligen Ort zu einem Park zu machen. Für mich fängt es mit Parks an und endet mit Parkhäusern. Denn man muss ja die vielen Autos, die überall hergestellt werden, auch irgendwo abstellen. Ein Missbrauch, den sie Vernunft nennen.

Während die Menschheit sich immer weiter von ihren Orten entfremdet, bemächtigt sich ein Haufen schlauer Konzerne der Erde. Und wir, die Menschheit, werden in künstlichen Umwelten leben, die von genau den Konzernen gebaut wurden, die Wälder, Berge und Flüsse verschlingen. Sie erfinden superinteressante Apparaturen, um uns dort zu halten, entfremdet von allem und mit möglichst vielen Medikamenten. Schließlich muss auch etwas mit dem geschehen, was von dem Müll, den sie produzieren, übrig bleibt, also stellen sie Medikamente her und einen Haufen Unsinn zu unserer Unterhaltung.

Damit Sie nicht denken, ich würde mir das nur ausdenken, den neuen Mythos der Monsterkonzerne: Das Monster hat Namen, Adressen und Bankkonten. Und was für welche! Es sind die Herren des Geldes auf der Welt, und sie werden jede Minute reicher, die sie die Welt mit Einkaufspassagen pflastern. Sie verbreiten fast überall auf der Welt dasselbe Fortschrittsmodell, das man uns für Wohlstand zu halten zwingt. Die großen Zentren, die großen Metropolen der Welt, sind alle Reproduktionen der anderen. Ob man nach Tokyo, Berlin, New York, Lissabon oder São Paulo geht, man sieht es überall, weil mit demselben Eifer noch unglaublichere Türme gebaut werden, spiralförmige Aufzüge, Raumschiffe … Man kommt sich vor wie bei Flash Gordon.

Damit löst sich die Menschheit vollständig von dem Organismus der Erde. Die einzigen Gemeinschaften, die es noch für wichtig erachten, sich an unsere Erde zu klammern, sind die an den Rändern der Welt, an den Ufern der Flüsse, an den Küsten der Ozeane, in Afrika, Asien oder Lateinamerika. Es sind die Caiçaras, Indigene, Quilombolas, Aborigines – eine Unter-Menschheit. Denn es gibt eine Menschheit, die sozusagen in Ordnung ist. Und eine rohe, ungehobelte, organische Schicht unterhalb, eine Menschheit unterhalb dieser Schwelle, eine Bevölkerung, die sich an die Erde klammert, als würde sie Erde essen, von der Erde gestillt werden, auf der Erde schlafen, in die Erde gewickelt. Das Organische dieser Leute ist störend, so sehr, dass die Konzerne immer mehr Mechanismen erfinden, um diese Kinder der Erde von ihrer Mutter zu trennen. »Lasst uns das trennen, dieses Durcheinander von Menschen und Erde. Am besten, wir schicken Bagger da hin, eine Planierraupe. Lieber keine Leute, Leute machen nur Schwierigkeiten. Und natürlich sind Leute nicht dafür ausgebildet, mit dieser Ressource namens Erde umzugehen.« Eine Ressource für wen? Nachhaltige Entwicklung für wen? Was genau soll da (nachhaltig) erhalten werden?

Die Vorstellung, wir Menschen hätten uns von der Erde gelöst und lebten in einer zivilisatorischen Abstraktion, ist absurd. Sie unterdrückt die Diversität, verleugnet die Vielfalt der Lebensweisen, Existenzen und Gewohnheiten. Sie gibt allen auf der Welt ein und dieselbe Speisekarte, dasselbe Kostüm und wenn möglich auch dieselbe Sprache.

2019 war für die UNESCO das internationale Jahr der indigenen Sprachen. Wir alle wissen, dass jedes Jahr, jedes halbe Jahr, eine dieser Muttersprachen, eine dieser ursprünglichen Sprachen einer kleinen Gruppe irgendwo am Rande der Menschheit, ausgelöscht wird. Ein paar sind noch übrig, nach Möglichkeit solche, die für

Konzerne interessant sind, um das alles, diese nachhaltige Entwicklung, auch beherrschen zu können.

Was wird aus unseren Flüssen, unseren Wäldern, unseren Landschaften? Wir sind dermaßen verstört vom Durcheinander vor Ort, sind so aufgebracht über das Fehlen jeder politischen Perspektive, dass wir nicht einmal mehr aufstehen können, Luft holen und erkennen, was wichtig ist für die Leute, die Gruppen, die Gemeinschaften innerhalb ihrer Ökologien. Um Boaventura de Sousa Santos* zu zitieren, muss die *Ökologie der Kenntnisse* auch unsere Alltagserfahrung miteinschließen, Einfluss darauf haben, wo wir leben wollen und unsere Gemeinschaftserfahrung inspirieren. Wir müssen kritisch umgehen mit dieser vorgefertigten Vorstellung einer einheitlichen Menschheit, in der Konsum lange schon an die Stelle dessen getreten ist, was früher einmal Zivilgesellschaft war. José Mujica** sagte einmal, wir machen Menschen zu Konsumenten anstelle von

---

* Portugiesischer Soziologe. Er schreibt über Globalisierung, Soziologie von Recht und Staat, Menschenrechte und soziale Bewegungen.
** Ehemaliger uruguayischer Präsident

Bürgern. Und unseren Kindern wird früh beigebracht, Kunden zu sein. Niemand wird so umworben wie der Konsument. So sehr, dass er schließlich ganz dumm und begierig sabbert. Wozu also Bürger sein? Wozu Zivilgesellschaft, wozu die Auseinandersetzung mit dem Nächsten, die kritische, bewusste Auseinandersetzung mit der Welt, wenn man doch Konsument sein kann? Diese Vorstellung macht die Erfahrung verzichtbar, auf einer Welt voller Bedeutung zu leben, auf einer Plattform für unterschiedliche Weltsichten.

Davi Kopenawa tauschte sich zwanzig Jahre lang mit dem französischen Anthropologen Bruce Albert aus, um dieses wunderbare Werk namens »La chute du ciel. Paroles d'un chaman yanomami.«* zu schaffen. Das Buch hat die Kraft, uns mitten in dieser Art Weltuntergang aufzuzeigen, wie es einer Reihe von Kulturen und Völkern trotzdem möglich ist, sich auf diesem Planeten, den wir auf diese besondere Weise teilen und bewohnen, so innerhalb einer Weltsicht zu bewegen, dass alles einen Sinn ergibt. Den Leuten ge-

---

* dt. etwa: Der Einsturz des Himmels: Worte eines Yanomami-Schamanen

lingt es, gemeinsam mit dem Geist des Waldes zu leben, mit dem Wald zu leben, im Wald zu sein. Damit meine ich nicht diesen Film *Avatar*, sondern das Leben von etwas mehr als zwanzigtausend Personen – von denen ich einige kenne – auf dem Territorium der Yanomami im Grenzland von Brasilien und Venezuela. Das Territorium wird von Goldsuchern heimgesucht, ist vom Bergbau bedroht, von genau diesen perversen Konzernen, die ich weiter oben erwähne, und denen es ein Dorn im Auge ist, zu welcher Weltsicht, Vorstellungskraft, Existenz so ein ursprüngliches Volk wie die Yanomami imstande sind.

Unsere Zeit ist darauf spezialisiert, Mangel zu schaffen: Mangel an Gemeinschaftssinn, an Gefühl für die Lebenserfahrung. Das führt zu einer sehr großen Intoleranz gegenüber denjenigen, die immer noch in der Lage sind, Lust daran zu verspüren zu leben, zu tanzen, zu singen. Und es gibt überall auf der Welt verstreut kleine Konstellationen von Leuten, die tanzen, singen und es regnen lassen. Die Zombie-Menschheit, zu der wir gebeten werden, duldet so viel Freude, so viel Lebensgenuss nicht. Also predigt man uns das Ende der

Welt, um uns dazu zu bringen, unsere Träume aufzugeben. Und meine Provokation vom Vertagen des Weltuntergangs geht genau darum; immer noch eine Geschichte mehr zu erzählen. Solange uns das gelingt, können wir das Ende noch ein Stück weiter vertagen.

Es ist wichtig, unsere eigene Erfahrung des Unterwegsseins auf der Welt nicht als Metapher zu begreifen, sondern als Reibung, die Möglichkeit, sich aufeinander verlassen zu können. Eine Begegnung wie diese hier in Portugal, eine so wichtige Zuhörerschaft wie Sie, ist ein Geschenk für mich. Sie können sicher sein, dass mir dies wiederum Energie gibt, um das Ende der Welt, wie es sich mir darstellt, noch einmal zu vertagen und aufzuschieben. Und ich möchte Sie dazu anregen, sich zu überlegen, es mir nachzutun. Wie eine Art Tai-Chi-Chuan. Wenn Sie das Gefühl haben, dass der Himmel zu nahe kommt, schieben Sie ihn ein Stückchen hoch und atmen.

Wie gehen die ursprünglichen Völker Brasiliens mit der Kolonisierung um, die ihre Welt auslöschen wollte? Welche Strategien haben diese Völker eingesetzt, um durch diesen Albtraum hindurch bis ins 21. Jahrhundert zu kommen und noch immer strampelnd und fordernd den Chor der Zufriedenen aus dem Takt zu bringen? Ich habe unterschiedliche Manöver unserer Vorfahren beobachtet und mich an der Kreativität und der Poesie, die den Widerstand dieser Völker inspirierten, bedient. Die Zivilisation hat diese Leute Barbaren genannt und ihnen einen endlosen Krieg aufgezwungen mit dem Ziel, sie zu zivilisieren und zu Mitgliedern im Klub der Menschheit zu machen. Viele dieser Leute sind keine Individuen, sondern »kollektive Personen«, Zellen, die ihre Weltsichten über die Zeit retten konnten.

Anthropologinnen und Anthropologen beschränken manchmal das Verständnis dieser Erfahrung, die alles andere als nur kulturell ist. Ich weiß, dass es hier einige Anthropologinnen und Anthropologen gibt, bitte ärgern Sie sich jetzt nicht. Aber wie viele haben begriffen, dass diese Strategien allein das Ziel hatten, das Ende der Welt zu vertagen? Das habe ich mir nicht ausgedacht, sondern mich dafür am ständigen Widerstand dieser Völker bedient, die an einer tiefen Erinnerung an die Erde festhalten, was Eduardo Galeano als »Erinnerung an das Feuer« bezeichnet. In diesem Buch sowie in »Die offenen Adern Lateinamerikas« zeigt er, wie die Völker der Karibik, Zentralamerikas, Guatemalas, der Anden und im Rest Südamerikas überzeugt davon sind, dass es sich bei der Zivilisation um einen Irrtum handelt. Sie haben sich dem Konzept nicht ergeben, weil es ein Fehler war, was man ihnen da anbot: »Wir wollen nicht überfallen werden.« Daraufhin die anderen: »Bitte schön, hier der Überfall. Bitte schön, hier die Bibel, bitte schön, hier ein Kreuz, eine Schule, eine Universität, eine Straße, eine Eisenbahn, ein Bergbauunternehmen, bitte schön, Prügel.« Und die Völker sagten: »Was soll das? Was für ein merkwürdiges Konzept. Gibt es kein anderes?«

Warum stört uns das Gefühl zu fallen? Wir haben doch in der letzten Zeit nichts anderes getan als zu fallen, zu zerschellen. Fallen, fallen, fallen. Warum stören wir uns jetzt so daran? Lasst uns doch all unser Urteilsvermögen und unsere Kreativität darauf verwenden, bunte Fallschirme zu bauen. Stellen wir uns den Weltraum nicht als einen begrenzten Ort vor, sondern als Kosmos, durch den wir mit bunten Fallschirmen stürzen.

Es gibt Hunderte Erzählungen von Völkern, die leben, Geschichten erzählen, singen, reisen, sich unterhalten und uns mehr beibringen, als wir in dieser Menschheit gelernt haben. Wir sind nicht die einzigen interessanten Personen auf der Welt, wir sind ein Teil des Ganzen. Vielleicht nimmt das dieser Menschheit, für die wir uns halten, ein Stück von der Eitelkeit und mindert vielleicht auch ein bisschen den Mangel an Achtung, den wir die ganze Zeit über allen anderen auf dieser kosmischen Reise entgegenbringen.

2018, als wir kurz davor standen, von einer neuen politischen Situation* in Brasilien überrannt zu werden, wurde ich gefragt: »Was werden die Indigenen angesichts dessen tun?« Ich antwortete: »Die Indigenen sind seit fünfhundert Jahren im Widerstand, Sorgen mache ich mir um die Weißen, was können sie diesmal tun, um davonzukommen?« Unser Widerstand bestand darin, unsere Subjektivität auszuweiten, uns nicht mit diesem Gedanken anzufreunden, dass wir alle gleich seien. Es gibt noch ungefähr 250 Ethnien in Brasilien, die sich voneinander unter-

---

* Amtsantritt des Präsidenten Bolsonaro

scheiden wollen und mehr als 150 Sprachen und Dialekte sprechen.

Unser Freund Eduardo Viveiros de Castro provoziert gern mit seinem amazonischen Perspektivismus, der genau darauf aufmerksam macht: Die Menschen sind nicht die einzigen interessanten Wesen mit einer eigenen Sicht auf das Sein. Es gibt noch viele andere, die so etwas haben.

Singen, tanzen und die magische Erfahrung, den Himmel aufhalten zu können, gibt es in vielen Traditionen. Den Himmel aufhalten bedeutet eine Erweiterung unseres Horizonts, nicht des sichtbaren Horizonts, sondern des existenziellen. Es bedeutet die Bereicherung unserer Subjektivität, der Stoff, den diese Zeit, in der wir leben, verbrauchen will. Wenn es einen Drang danach gibt, die Natur zu verbrauchen, gibt es auch den zum Verbrauch von Subjektivität – unserer Subjektivitäten. Also sollten wir diese ausleben, so frei, wie es uns nur möglich ist, sie erfinden und nicht auf den Markt werfen. Wenn schon die Natur so unabwendbar geplündert wird, sollten wir wenigstens in der Lage sein, unsere Subjektivität zu erhalten, unsere Ansichten, unsere Poetiken der Existenz. Wir sind definitiv nicht alle gleich, und es ist wunderbar zu wissen, dass wir – jede einzelne Person – uns wie Sternbilder voneinander unterscheiden. Dass wir uns gemeinsam hier in diesem Raum befinden, dass wir zusammen reisen, heißt nicht, dass wir gleich sind, sondern genau, dass wir in der Lage sind, uns durch unsere Unterschiedlichkeit anzuziehen, die unseren Lebensweg leiten sollte. Vielfalt und nicht eine Menschheit nach gleichem Protokoll. Denn das bisher war nur ein Weg, uns zu homogenisieren und uns die Freude am Leben zu nehmen.

ÜBER DEN TRAUM UND DIE ERDE

Vom brasilianischen Nordosten bis zum östlichen Minas Gerais, wo am Rio Doce das indigene Reservat der Krenak-Familien liegt, aber genauso in Amazonien, im brasilianischen Grenzland zu Peru und Bolivien, am Oberlauf des Rio Negro, überall dort erleben unsere Familien zurzeit einen Moment der politischen Spannung zwischen dem brasilianischen Staat und den indigenen Gesellschaften.

Diese Spannungen sind nicht jetzt erst entstanden, haben sich aber aufgrund der jüngsten politischen Veränderungen im Leben aller Brasilianer verschärft. Besonders drastisch wirkt sich dies auf die indigenen Gemeinschaften aus, die in den letzten Jahrzehnten verstärkt darauf dringen konnten, dass die Regierung, ihrem verfassungsmäßigen Auftrag gemäß, die angestammten Territorien dieser Gemeinschaften als indigenes Land auch im juristischen Sinne anerkennt.

Ich weiß nicht, ob alle die Begrifflichkeiten kennen, die das Verhältnis der indigenen Völker zu den Orten, an denen sie leben, bezeichnen, und welche Bezeichnungen der brasilianische Staat diesen Territorien im Lauf unserer Geschichte gegeben hat. Seit der Kolonialzeit hat die Frage, was mit dem Teil der Bevölkerung geschehen soll, der die tragischen ersten Begegnungen mit europäischen Herrschern überlebt hat, also mit den Völkern, die dort leben, wo heute sehr reduziert von indigenem Land die Rede ist, zu einem sehr problematischen Verhältnis dieser Gemeinschaften zum Staat geführt.

Natürlich hat man in der langen Zeit, in der wir von einer Kolonie zum brasilianischen Staat geworden und inzwischen ins 21. Jahrhundert eingetreten sind, überwiegend darauf gesetzt, dass die indigenen Bevölkerungen die Besetzung des Territoriums nicht überleben würden, zu mindest nicht unter Beibehaltung ihrer eigenen Organisationsformen, die ihnen ein eigenständiges Leben ermöglichen. Denn die Maschinerie des Staates arbeitet darauf hin, die Organisationsformen unserer Gesellschaften zugunsten einer Integration der betroffenen Bevölkerungen in die brasilianische Gesellschaft insgesamt aufzulösen.

Das politische Dilemma, das sich daraus für unsere Gemeinschaften, die das 20. Jahrhundert überlebt haben, ergibt, ist, dass sie bis heute um die letzten Rückzugsgebiete kämpfen müssen, in denen die Natur noch gedeiht und wir unsere Bedürfnisse nach Nahrung und Wohnung befriedigen können und jede dieser kleinen Gemeinschaften sich in ihrer eigenen Art zu leben erhalten kann, ohne in übermäßige Abhängigkeit des Staates zu geraten.

Der Rio Doce, den wir Krenak *Watu* nennen, unseren Großvater, ist eine Person und keine Ressource, wie ihn Ökonominnen und Ökonomen nennen. Er ist nichts, das man sich aneignen kann, sondern Teil unseres Gemeinschaftsgefüges an einem Ort, der uns von der Regierung nach und nach zugewiesen wurde und an dem wir unsere Organisationsformen (trotz all dem äußeren Druck) leben und erhalten können.

Am Beispiel der Krenak über das Verhältnis von brasilianischem Staat und indigenen Gemeinschaften zu sprechen eignet sich sehr gut dazu, allen, die es nicht wissen, zu erzählen, wie es diesen Gemeinschaften in Brasilien heute ergeht – die auf ungefähr 250 Völker und insgesamt 900.000 Personen geschätzt werden, eine Bevölkerung also, die geringer ist als die einer größeren Stadt.

Seit dem Beginn der Geschichte unseres Landes, das nach wie vor nicht in der Lage ist, seine Ureinwohner mit einzubeziehen – und ständig in menschenverachtender Weise versucht, ihre Lebensweisen zu ändern, dessen Bevölkerungen sich lange Zeit auch unter dem schlimmsten Druck der bis heute im Bewusstsein vieler Brasilianerinnen und Brasilianer lebendigen Kolonialmacht erhalten haben –, herrscht die Vorstellung, auch die Indigenen müssten sich am Erfolg des Systems der Ausbeutung der Natur beteiligen. *Watu*, der Fluss, der unser Leben am Ufer des Rio Doce zwischen den Bundesstaaten *Minas Gerais* und *Espírito Santo* ermöglicht hat, ist auf einer Länge von 600 Kilometern mit toxischem Schlamm verseucht, der aus einem Rückhaltebecken für Klärschlämme stammt und uns zu Waisen gemacht hat an einem im Koma liegenden Fluss. Vor eineinhalb Jahren hat dieses Verbrechen – man kann es nicht einfach als Unfall bezeichnen – unsere Leben mit aller Härte getroffen und uns in den Zustand einer ganz real untergehenden Welt versetzt.

Wir versuchen hier auf der Tagung zu ermessen, welche Auswirkungen wir Menschen auf den lebenden Organismus Erde haben, den manche Kulturen immer noch als Mutter und im weitesten Sinne Ernährerin ansehen, nicht nur was die Subsistenz und den Erhalt unserer Leben angeht, sondern auch in transzendentaler Hinsicht, der Sinnebene unserer Existenz. An manchen Orten der Welt haben wir uns so grundsätzlich von unseren ursprünglichen Orten entfernt, dass die Wanderungen der Völker nicht einmal auffallen. Wir durchqueren Kontinente, als würden wir nur einmal kurz um die Ecke gehen. So wie es stimmt, dass die Entwicklung effizienter Technologien es uns möglich macht, von einem Ort anderswohin zu gelangen, und unsere Mobilität rund um die Erde sehr einfach geworden ist, so sicher ist auch, dass genau dies einhergeht mit einem Verlust an Gefühl für diese Mobilität.

Wir kommen uns vor, als schwebten wir in einem von jeder Bedeutung entleerten Raum, und halten uns für vollkommen frei von jeder gemeinschaftlichen ethischen Verpflichtung, gleichzeitig aber spüren wir das Gewicht dieser Entscheidung schwer auf uns lasten. Ständig werden wir auf die Folgen dieser erst kürzlich getroffenen Wahl hingewiesen, und sollte es uns gelingen, Sichtweisen einzunehmen, die sich dieser weltweiten Blindheit entziehen, öffnet dies vielleicht unseren Verstand für eine wie auch immer geartete Zusammenarbeit unter den Völkern, nicht einmal um der anderen willen, sondern zur Rettung von uns selbst. Dreißig Jahre schon setzt sich dieses breite Netzwerk, an dem ich mich beteilige, dafür ein, anderen Völkern, anderen Regierungen die Zustände, unter denen wir in Brasilien leben, bekannt zu machen und Netzwerke der Solidarität mit den ursprünglichen Völkern zu knüpfen.

Was ich im Lauf dieser Jahrzehnte gelernt habe, ist, dass mittlerweile alle wach werden müssen, denn eine Zeit lang waren es nur wir, die indigenen Völker, die von Umbrüchen oder der Zerstörung der Grundlage unserer aller Leben bedroht waren. Nun stehen wir alle ganz offensichtlich vor dem Problem, dass die Erde unsere Nachfrage nicht mehr bedienen kann. Wie der Yanomami-Pajé Davi Kopenawa sagt, glaubt die Welt, alles sei Ware und projiziert alles, was wir zu erleben fähig sind, allein darauf. Die Erfahrung der Menschen an unterschiedlichen Orten der Welt richtet sich auf die Ware, und dies bedeutet, dass alles, was uns umgibt, Ware ist. Diese Tragödie, die uns nun alle betrifft, wird mancherorts noch aufgehalten, in regionalen Fällen, wo Politik – die politische Macht, politische Entscheidungen – zeitweilige Sicherheit schafft, in denen Gemeinschaften, selbst wenn ihnen das Gefühl für das wirklich gemeinsame Teilen von Räumen bisweilen abhandengekommen ist, immer noch sozusagen geschützt werden durch einen Apparat, der zunehmend selbst auf die Ausbeutung der Wälder, der Flüsse, der Berge angewiesen ist, was wiederum zu dem Dilemma führt, dass die einzige Möglichkeit für das Überleben menschlicher Gemeinschaften die weitere

Ausbeutung aller anderen Bereiche des Lebens zu sein scheint.

Die Schlussfolgerung oder die Erkenntnis, dass wir in einer Zeit leben, die man als Anthropozän verstehen kann, sollte in unseren Köpfen wie ein Alarmsignal klingen. Denn wenn wir uns auf den Planeten Erde so deutlich eingebrannt haben, dass sich dies bereits als ein Erdzeitalter bezeichnen lässt und dieses Brandmal noch weiter bestehen könnte, wenn wir längst nicht mehr da sind, weil wir die Quellen des Lebens zum Versiegen gebracht haben, die es uns ermöglicht hatten, zu gedeihen und uns zu Hause zu fühlen, ja zeitweise sogar zu glauben, es sei ein gemeinsames, von allen gehütetes Haus, stehen wir wieder vor dem oben genannten Dilemma: Wir haben Organisationsformen, die nicht in die Warenwelt passen, mancherorts ausgeschlossen und damit alle anderen Lebensweisen in Gefahr gebracht – jedenfalls die, welche wir doch gern für möglich gehalten haben, die, in denen es Verantwortlichkeit gab mit den Orten, an denen wir leben, Achtung vor dem Recht auf Leben aller Wesen, und nicht allein dieser Abstraktion, die wir uns als die Menschheit zu bezeichnen erlauben und die

alle anderen Lebensweisen und Lebewesen ausschließt. Diese Menschheit, die nicht erkennen
will, dass der Fluss, der im Koma liegt, unser
Großvater ist, dass der irgendwo in Afrika oder
Lateinamerika ausgebeutete und anderswo zur
Ware gemachte Berg auch der Großvater, die Mutter, der Bruder einer Konstellation von Wesen ist,
die gern weiterhin dieses gemeinsame Haus, das
wir Erde nennen, miteinander teilen würden.

In dem Namen Krenak stecken zwei Begriffe: *Kre*,
was Kopf bedeutet, und *Nak* für Erde. Krenak ist
das Erbe unserer Vorfahren, unsere Ursprungs-
erinnerung, was uns als »Kopf der Erde«, als
Menschheit, ausmacht, die sich außerhalb dieses
Konzepts nicht begreifen kann, ohne diese tiefe
Verbundenheit mit der Erde. Und zwar nicht mit
der Erde im geografischen Sinn, sondern als der
Ort, den wir mit allen teilen und dem wir Krenak
uns inzwischen zunehmend entwurzelt fühlen –
dem Ort, der uns immer schon heilig war, wobei
es unseren Nachbarn, wie wir feststellen müssen,
schon fast peinlich ist anzuerkennen, dass man es
auch so sehen kann. Wenn wir sagen, uns ist
unser Fluss heilig, sagen die Leute: »Das ist deren

Folklore.« Wenn wir sagen, der Berg zeigt uns, dass es regnen wird oder dass ein Tag sehr erfolgreich, ein guter Tag sein wird, sagen sie: »Nein, ein Berg sagt überhaupt nichts.«

Wenn wir dem Fluss und dem Berg keine Persönlichkeit mehr zugestehen, sie ihrer Sinne berauben und meinen, dies sei ein ausschließliches Merkmal des Menschen, entledigen wir uns dieser Orte und machen sie zu Abfällen der industriellen Ausbeutung. Unsere Loslösung aus der Integration und Interaktion mit unserer Mutter, der Erde, hat zur Folge, dass sie uns zu Waisen macht, nicht nur diejenigen, die in unterschiedlichen Abstufungen Indianer, Indigene oder indigene Völker genannt werden, sondern alle. Ich hoffe, diese kreativen Begegnungen, die wir zum Glück immer noch haben, beflügeln unsere Praxis, unser Tun, und geben uns den Mut, aus der Verleugnung des Lebens zu einer Verpflichtung gegenüber dem Leben zu kommen, überall, und den Mut, unsere Unfähigkeit zu überwinden, den Blick auf Orte jenseits derer zu erweitern, die uns lieb sind und wo wir leben, und auch auf Formen von Zusammenleben und Organisation, die einen Großteil der Menschengemeinschaft ausschließen und die letztlich alle Kraft der Erde darauf verwenden, ihre Nachfrage nach Waren, Sicherheit und Konsum zu befriedigen.

Wie lässt sich ein Berührungspunkt zwischen diesen Welten finden, die ja einen gemeinsamen Ursprung haben, sich aber so weit voneinander entfernt haben, dass heute auf einer Seite die Leute sind, die von einem Fluss leben müssen, und auf der anderen Seite diejenigen, die Flüsse als Rohstoff verbrauchen? Wie lässt sich angesichts der Vorstellung eines Berges, eines Flusses, eines Waldes als Rohstoff ein Kontakt zwischen unseren Vorstellungen herstellen, der es uns erlaubt, aus dem Zustand des gegenseitigen Nichtanerkennens herauszukommen?

Als ich vorgeschlagen habe, über den Traum und die Erde zu sprechen, wollte ich Ihnen einen Ort näherbringen, eine Praxis, die es in unterschiedlichen Kulturen, bei unterschiedlichen Völkern gibt, für die die Institution Traum nicht die Alltagserfahrung ist, dass man im Schlaf träumt, sondern eine disziplinierte Übung, im Traum nach Orientierung für die Entscheidungen im Alltag zu suchen.

Für manche Menschen heißt Träumen, sich der Realität zu entziehen, den praktischen Bereich des Lebens verlassen. Umgekehrt gibt es aber welche, die in ihrem Leben keinen Sinn sähen, ohne die Information aus den Träumen, dem Blick in die Winkel, in denen auch Heilung, Inspiration und sogar die Lösung ganz praktischer Angelegenheiten zu finden sind, die zunächst außerhalb des Traums nicht zu erkennen und nicht zu entscheiden wären, nun aber als Möglichkeit offen daliegen. Es hat mich sehr beruhigt, als heute Nachmittag noch weitere Kolleginnen und Kollegen hier Traum nicht als Institution des Onirischen verstanden haben, sondern als eine Disziplin der Bildung, der Weltsicht, der Tradition unterschiedlicher Völker, für die Traum ein Weg der Erkenntnis, der Selbsterkenntnis über das Leben ist, die sie in der Interaktion mit der Welt und mit anderen Menschen anwenden.

DIE MENSCHHEIT, DIE WIR ZU SEIN GLAUBEN

Vielleicht sind wir zu sehr auf eine einzige Vorstellung vom Menschsein und eine Art von Existenz konditioniert. Wenn wir dieses Muster er-
schüttern, erleidet unser Geist womöglich eine
Art Bruch, wie ein Absturz. Aber wer sagt denn,
dass man nicht abstürzen soll? Wer sagt, dass wir
nicht längst abgestürzt sind? Es gab einmal eine
Zeit, in der dieser Planet, den wir Erde nennen,
einen einzigen Kontinent hatte, den wir als Pan-
gäa bezeichnen. Hätte man damals von oben auf
die Erde heruntergeschaut, hätte man ein ganz
anderes Bild von der Erde. Wer weiß, ob nicht
Juri Gagarin, als er sagte »Die Erde ist blau«, nur

ein Idealbild dieses Augenblicks für die Menschheit, für die wir uns halten, gezeichnet hat? Sie mit unseren Augen gesehen hat, gesehen, was wir sehen wollten. Es gibt vieles, das eher das ist, was wir sehen wollen, als das, was man wirklich erkennen könnte, wenn man die beiden Bilder zusammenbrächte: was man glaubt und was man hat. Wenn die Erde schon einmal anders ausgesehen hat, sogar ohne uns, wieso klammern wir uns dann dermaßen an dieses Bild, auf dem unbedingt wir zu erkennen sein müssen? Das Anthropozän ist von entscheidender Bedeutung für unsere Existenz, unsere gemeinsame Erfahrung, die Vorstellung dessen, was menschlich ist. Unser Festhalten an einer fixen Idee dessen, was Erde und Menschheit sein sollten, ist eines der wichtigsten Kennzeichen des Anthropozäns.

Diese gedankliche Ausrichtung ist mehr als Ideologie, sie ist die Konstruktion einer kollektiven Vorstellungswelt – in der Abfolge von Generationen und übereinandergeschichteten Wünschen, Projektionen, Visionen, ganzen Zeitaltern aus Lebenszyklen unserer Vorfahren, die wir geerbt und verarbeitet haben, verfeinert bis hin zu dem Bild, in dem wir uns heute erkennen. Wie

eine Photoshop-Bearbeitung des kollektiven Ge-
dächtnisses des Planeten, eine Montage aus Besatzung und Raumschiff, in der sich das Raumschiff an den Organismus seiner Besatzung heftet,
bis beides nicht mehr auseinanderzuhalten ist.
Wie das Verharren in einer bequemen, angeneh-
men Erinnerung an uns selbst, etwa von uns an
der Mutterbrust: einer satten, gesunden, liebevol-
len, zärtlichen Mutter, die uns für immer ernährt.
Und plötzlich bewegt sie sich und zieht uns die
Brust weg, und wir sabbern noch etwas und
schauen uns um, jammern, weil wir die Mutterbrust nicht mehr sehen, diesen mütterlichen Organismus, der unsere Gier nach dem Leben füt-
tert, und dann fangen wir an zu zittern und
glauben, vielleicht sei sie doch nicht die beste der
Welten, und die Welt ginge unter und wir stürzten irgendwo ab. Aber wir stürzen nicht ab, denn
die Mutter hat sich vielleicht nur anders hinge-
setzt, ein bisschen mehr in die Sonne, aber wir
hatten uns schon so bequem eingerichtet, dass
wir nur wieder zurück an die Brust wollen.

Vielleicht ist das Ende der Welt nur die kurze
Unterbrechung eines wohligen Zustands der Ver-

zückung, den wir nicht missen wollen. Scheinbar sind alle Tricks, die unsere Vorfahren und wir selbst dafür gefunden haben, genau auf dieses Gefühl ausgerichtet. Auf die Warenwelt übertragen, die Objekte, die äußeren Dinge, materialisieren sich in all dem, was die Technik hervorgebracht hat, der gesamte Krimskrams, der sich über den Körper der Mutter Erde gelegt hat. Alle alten Geschichten nennen die Erde Mutter, Pacha Mama, Gaia. Eine vollkommene, unsterbliche Göttin, ein Quell der Gnade, der Schönheit und des Überflusses. Man denke an das griechische Bild von der Göttin des Wohlstands mit ihrem Füllhorn, aus dem sich ununterbrochen Reichtum über die Welt ergießt ... In anderen Traditionen, in China und Indien, in Nord- und Südamerika, in den ältesten Kulturen ist der Bezug eine mütterliche Versorgerin. Keine Spur von einer männlichen oder Vaterfigur. Wenn das Bild eines Vaters dort einbricht, dann immer zum Plündern, Zerschlagen oder Herrschen.

Das Unbehagen, das die moderne Wissenschaft ausgelöst hat, die Technologien, die Verschiebungen, die in das mündeten, was wir »Revolutionen der Massen« nennen, blieb nicht auf eine Region begrenzt, sondern erschütterte den Planeten bis zu dem Punkt, an dem wir im 20. Jahrhundert den Kalten Krieg hatten, wo auf der einen Seite der Mauer ein Teil der Menschheit war und ein anderer auf der anderen Seite der Mauer, angespannt und stets bereit, auf den anderen Teil zu schießen. Nichts kommt einem drohenden Weltende näher, als wenn eine Welt auf der einen Seite der Mauer und eine andere Welt auf der anderen Seite der Mauer zu erraten versuchen, was die jeweils andere vorhat. Das ist eine Kluft, ist ein Abgrund. Die Frage, die wir also stellen müssen, wäre: »Woher diese ganze Angst vor dem Sturz, wenn wir doch in allen anderen Epochen auch nichts anderes getan haben als zu stürzen?«

Wir sind schon in unterschiedlichem Ausmaß und an unterschiedlichen Orten der Welt gestürzt. Trotzdem haben wir riesige Angst davor, was passiert, wenn wir stürzen. Wir empfinden Unsicherheit, eine paranoide Angst vor dem Sturz, weil es alle anderen Möglichkeiten erfordern, das ganze Haus, das wir geerbt haben und das wir bequem überall hin mit uns herumtragen, zum Einsturz zu bringen, aber wir verbringen trotzdem die ganze Zeit damit, vor Angst zu sterben. Also müssen wir uns wohl Fallschirme ausdenken. Den Sturz nicht aufhalten, sondern Tausende von bunten, lustigen, gar erfreulichen Fallschirmen erfinden. Denn was wir tatsächlich wollen, ist Freude, genüsslich hier auf der Erde zu leben. Also sollten wir aufhören, unserer Neigung dazu aus dem Weg zu gehen, und anstatt immer weitere Parabeln zu erfinden, der einen, der wichtigsten, nachgeben und uns nicht von dem technischen Drumherum blenden lassen. In Wirklichkeit lebt doch die gesamte Wissenschaft nur unter dem Joch dieses Dings namens Technik.

Schon lang gibt es niemanden mehr, der mit der Freiheit denkt, die wir wissenschaftlich zu nennen gelernt haben. Es gibt keine Wissenschaftlerinnen und Wissenschaftler mehr. Jede Person, die in der Lage ist, etwas Neues in die bekannten Verfahren einzubringen, wird sofort von der Herstellungsmaschinerie für Dinge eingefangen, der Warenwelt. Bevor diese Person, in welcher Hinsicht auch immer, dazu beitragen kann, irgendwo ein Fenster zu öffnen und Luft einzulassen gegen die neue Angst, von der Mutterbrust weggerissen zu werden, kommt sofort etwas Künstliches daher und verlängert unsere Beklemmung. Als seien alle Entdeckungen nur darauf ausgelegt, und wir misstrauen allen Entdeckungen, als wären sie nichts als Betrug. Wir wissen doch, dass die Entdeckungen auf dem Gebiet der Wissenschaft, die Heilmittelchen für alles Mögliche, nichts als Geifer und Rotz sind. Labore planen in weiser Voraussicht Erfindungen für die Märkte, die sie selbst dafür geschaffen haben, mit dem einzigen Ziel, das Rad weiter am Laufen zu halten. Nicht zu neuen Horizonten hin, nichts, was auf andere Welten verweist, sondern nur ständige Wiederholung unseres Verlusts an Freiheit, an dem, was wir als Unschuld bezeichnen können, das einfach nur gut und zweckfrei ist. Genuss ohne Ziel. Sich einfach nur stillen zu lassen, ohne Angst, ohne Schuld, ohne Ziel. Wir leben in einer Welt, in der man sich dafür rechtfertigen muss, dass man gestillt werden will. Sie ist zu einer Fabrik geworden, die Unschuld verbraucht und immer mächtiger wird, um dieser Unschuld bloß keinen Ort zu überlassen.

Von wo aus sollen die Fallschirme geworfen werden? Von dort, wo Visionen und Träume noch möglich sind. Von einem anderen bewohnbaren Ort als dieser harten Erde: den Gefilden des Traums. Nicht der Traum, den man für gewöhnlich meint, beim Einschlafen oder banalisiert als »ich träume von einer besseren Arbeit, einem neuen Auto«, sondern im Sinne einer transzendentalen Erfahrung, in der die Hülle des Menschen in sich zusammenfällt und sich öffnet für andere, unbegrenzte Sichtweisen auf das Leben. Vielleicht ist es ein anderes Wort für das, was wir gemeinhin Natur nennen. Es wird nicht benannt, weil wir nur benennen können, was wir erfahren. Der Traum als Erfahrung von Personen, die in einer entsprechenden Tradition initiiert sind. So wie jemand zur Schule geht, um etwas Bestimmtes zu lernen, einen Inhalt zu erwerben, eine Meditation zu erlernen, einen Tanz, kann man auch für das Eintreten in Sphären des Traums geschult werden. Einige Schamanen oder Magier halten sich in diesen Gefilden auf oder sind durch sie gegangen. Es sind Orte, die mit der Welt, die wir teilen, in Verbindung stehen, keine Parallelwelt, sondern eine in anderem Zustand.

Wenn man mir manchmal sagt, ich solle mir eine andere mögliche Welt vorstellen, ist damit die Neuordnung von Beziehungen und Räumen gemeint, eine neue Verständigungen darüber, wie wir uns in Beziehung setzen zu dem, was als Natur gilt, so als gehörten wir selbst nicht dazu. Man beschwört damit neue Wege der Koexistenz der altbekannten Menschen mit jener Metapher der Natur, die sie sich selbst und zum Eigengebrauch geschaffen haben. Alle anderen Menschen, die nicht wir sind, bleiben von diesem Bild ausgeschlossen, man kann sie essen, schlagen, zerhacken, entsorgen. Der Zustand der Welt, in der wir heute leben, ist genau der, den unsere unmittelbaren Vorfahren für uns bestellt haben.

Wir beklagen uns, aber es ist so bestellt worden, gekommen in einer Verpackung, auf der stand »Kein Umtausch nach dem Öffnen«. Seit zweihundert, dreihundert Jahren sehnte man sich nach dieser Welt, und nun sind die Leute enttäuscht und sagen: »Das soll die Welt sein, die man uns hinterlassen hat?« Aber was für eine Welt packt ihr selbst gerade ein, für die zukünftigen Generationen? Okay, du erzählst uns was von einer anderen Welt, aber hast du schon einmal die nächsten Generationen gefragt, ob die Welt, die du für sie hinterlässt, auch die ist, die sie gern hätten? Die meisten von uns werden nicht mehr dabei sein, wenn die Lieferung kommt. Annehmen werden sie unsere Enkel und Urenkel, mit viel Glück noch unsere dann schon ziemlich betagten Kinder. Wenn jeder von uns sich eine Welt ausdenkt, werden es Billionen von Welten sein, die an unterschiedliche Orte geliefert werden. Welche Welt wirst du bestellen, bei welchem Lieferdienst? Es liegt etwas Krankes darin, zusammenzukommen, um diese Welt abzulehnen, die wir gerade erhalten haben, in einem Paket, das unsere Vorfahren geschickt haben: Es ist albern zu glauben, wir hätten es an ihrer Stelle viel besser gemacht.

Wir sollten die Natur als eine unglaubliche Vielfalt von Formen begreifen, einschließlich aller Teile von uns, die Teil des Ganzen sind: 70 % Wasser und ein Haufen anderer Materialien, aus denen wir noch bestehen. Und wir haben diese abstrakte Einheit erschaffen, den Menschen als Maß aller Dinge, und laufen herum, trampeln überzeugt von uns selbst alles nieder, bis alle einsehen, dass es nur eine einzige Menschheit gibt, sich mit ihr identifizieren, wir benehmen uns, als stünde uns die ganze Welt zur Verfügung, und schnappen uns, was wir haben wollen. Der Kontakt mit einer anderen Möglichkeit aber bedeutet zuhören, spüren, riechen, einatmen und ausatmen, was wir als Natur außen vor lassen, aber aus irgendeinem Grund weiter mit ihr verwechseln. Ein Teil dessen hat lediglich fast-menschliche Eigenschaft: eine Schicht, die wir erkennen, die aber beinah verschwindet, gelöscht wird von der Bildfläche der Menschmenschen. Diese fast-Menschen sind allerdings Tausende Leute, die sich hartnäckig weigern, in diesen Tanz der Zivilisation, der Technik, der Kontrolle über den Planeten einzutreten. Und für diese seltsame Choreografie von der Bühne geholt werden durch Epidemien, Armut, Hunger und gezielte Gewalt.

Da das Anthropozän gern als das Ereignis betrachtet wird, das von diesem zuvor existierenden Zirkel der Zivilisierten gekaperte Welten zusammengebracht hat – im Zuge der Seefahrt, als man von hier aus nach Asien, Afrika, Nord- und Südamerika ausschwärmte –, muss auch erwähnt werden, dass diese Welten zum Großteil verschwunden sind, ohne dass es eine Absicht gegeben hätte, diese Völker tatsächlich auszurotten. Die einfache Ansteckung durch die Begegnung von Menschen von hier und von dort ließ diesen Teil der Bevölkerung durch ein Phänomen verschwinden, das später Epidemie genannt werden sollte, das Sterben von Tausenden und Abertausenden Lebewesen. Jemand, der aus Europa gekommen, an einem beliebigen Strand in den Tropen landete, zog eine Spur des Todes nach sich, wo immer er sich auch bewegte. Er wusste nicht, dass er eine wandelnde Pestseuche war, ein wandelnder bakteriologischer Krieg, ein Weltuntergang. Und auch die Opfer hatten keine Ahnung davon, dass sie kontaminiert wurden. Für die Völker, die diesen Besuch empfingen und starben, war das Ende der Welt schon im 16. Jahrhundert. Ich will die ganze Maschinerie hinter den kolonialen Eroberungen überhaupt nicht in Schutz nehmen, sondern nur darauf hinweisen, dass viel von dem, was geschehen ist, in der damaligen Zeit Katastrophen waren. So wie wir heute die Katastrophe unserer Zeit erleben, die einige ausgewählte Personen das Anthropozän nennen. Die überwiegende Mehrheit dagegen nennt es Chaos, Regierungsversagen, Werteverlust im Alltag, in allen Beziehungen. Ein Abgrund, in dem wir uns alle befinden.

GELD KANN MAN NICHT ESSEN

Wenn ich von Menschheit spreche, meine ich damit nicht nur den Homo sapiens, sondern eine unermessliche Vielfalt von Wesen, die wir seit jeher ausschließen: Wir jagen Wale, schneiden Haien die Flossen ab, töten Löwen und hängen sie uns an die Wand, um zu zeigen, dass wir tapferer sind als sie. Ganz zu schweigen von den Massakern an all den anderen Menschen, von denen wir meinen, dass sie nichts haben, nur da seien, um uns mit Kleidung, Nahrung und Unterschlupf zu versorgen. Wir sind die Plage des Planeten, eine Art Riesenamöbe. Im Lauf der Geschichte haben die Menschen, genauer gesagt, dieser exklusive Klub Menschen, der in der Allgemeinen Erklärung der Menschenrechte und in den Protokollen internationaler Institutionen verankert ist, alles um sich herum verwüstet. Als hätten sie sich zu einer eigenen Kaste namens Menschheit erklärt, und alles, was außerhalb dessen ist, sei eine Art Unter-Menschheit. Nicht nur die *Caiçaras**, *Quilombolas*** und Indigenen, sondern alles Leben, das wir großzügig am Wegesrand liegen lassen. Und der Weg heißt Fortschritt: die in die Zukunft gerichtete Vorstellung, es müsse irgendwohin gehen. Es gibt einen Horizont, und dort gehen wir hin, auf dem Weg lassen wir alles liegen, was uns nicht interessiert, übrig ist, alles, was unterhalb der Würde des Menschen ist – wozu auch einige von uns gehören.

Es ist unglaublich, dass dieses Virus, das derzeit grassiert, ausschließlich Menschen befällt. Es war ein großartiges Manöver des Organismus Erde, uns von der Mutterbrust wegzureißen und zu

---

* Traditionelle Bewohner der Küsten im brasilianischen Südosten

** Bewohner traditioneller selbstorganisierter Gemeinschaften, die aus Siedlungen geflohener Sklaven hervorgingen

sagen: »Nun atmet mal, schauen wir mal.« Die ganze Künstlichkeit des Lebensstils, den wir geschaffen haben, wird dadurch bloßgestellt, denn irgendwann kommt der Moment, wo du eine Maske brauchst, ein Beatmungsgerät, und das Beatmungsgerät braucht Strom aus einem Wasserkraftwerk, einem Generator oder einem Atomkraftwerk. Und der Generator kann ausgehen, völlig unabhängig von unserem Willen, von unserem Zustand. Wir werden daran erinnert, dass wir so verletzlich sind, dass wir, sobald man uns nur für einige Minuten die Luft abdreht, sterben. Es braucht gar kein kompliziertes Kriegsgeschehen, um die gesamte sogenannte Menschheit auszulöschen: Sie geht zugrunde wie Mücken in einem Raum, nachdem man ein Mückenspray eingesetzt hat. Wir haben nichts in der Hand: Das ist es, was uns die Erde sagt.

Und wenn wir nichts in der Hand haben, sollten wir wenigstens mit der Erfahrung am Leben zu sein in Kontakt bleiben, jenseits der technischen Apparaturen, die wir erfinden. Nehmen wir einmal die Wirtschaft, dieses außer durch Dollarzeichen unsichtbare Ding. Vielleicht ist es ja nur Fiktion, wenn es heißt, dass wir sterben müssten, wenn die Wirtschaft nicht mehr ordentlich funktioniert. Wir könnten alle Anführer der Zentralbank mitsamt ihrer Wirtschaft in einen riesigen Tresor sperren. Geld kann man nicht essen.

Heute früh sah ich einen nordamerikanischen Indigenen vom Ältestenrat des Volks der Lakota über das Coronavirus sprechen. Ein Mann von etwas mehr als siebzig Jahren namens Wakya Un Manee, auch als Vernon Foster bekannt (Vernon ist ein typischer nordamerikanischer Name, denn als die Kolonisatoren nach Amerika kamen, verboten sie nicht nur die eingeborenen Sprachen, sondern änderten auch die Namen der Leute). Die Worte eines seiner Vorfahren zitierend sagte er: »Wenn im Wasser nur noch der letzte Fisch ist und der letzte Baum aus der Erde gerissen wurde, erst dann wird der Mensch begreifen, dass er sein Geld nicht essen kann.«

Wer weiß, vielleicht löst sich ja im Moment, mit all dem, was wir gerade erleben, der Gedanke der Menschheit an sich auf, dieser Gesamtheit, die wir so zu nennen gelernt haben. Und wenn dies der Fall ist, was machen dann die – wenigen –

Typen, die das Geld dieser Welt horten? Vielleicht gelingt es uns, ihnen den Boden unter den Füßen wegzuziehen. Denn sie brauchen die Menschheit, und sei sie nur Illusion, um ihnen jeden Morgen aufs Neue damit zu drohen, dass die Börse einbricht, die Märkte nervös sind, der Dollar steigt. Wenn all das keine Bedeutung mehr haben wird – soll der Dollar doch durch die Decke gehen, der Markt sich selbst zerfleischen –, wird kein Platz mehr für all diese Konzentration von Macht sein. Denn die Konzentration von etwas kann es nur in einer bestimmten Umgebung geben. Selbst wenn sich die Umweltverschmutzung grenzenlos überall hin verteilt, was passiert dann?

Die Luft wird sauberer. Ist nicht die Luft in den Städten schon sauberer geworden, nachdem wir unser Tempo nur ein wenig zurückgeschraubt haben? Ich bin sicher, dass diese Illusion einer menschlichen Kaste im Besitz des Heiligen Grals, die sich mit Reichtümern vollstopft und die übrige Welt terrorisiert, irgendwann in sich zusammenfällt. Der vielleicht jüngste Hinweis darauf ist die Geschichte dieser Milliardäre, die eine Plattform außerhalb der Erde errichten wollen, um darauf zu leben, auf dem Mars oder so. Wir sollten sagen: »Dann geht doch, und lasst uns hier in Ruhe!« Wir sollten sie ziehen lassen, die Herren von Tesla, von Amazon. Sie können ja eine Adresse hinterlassen, wir schicken dann mal was zu essen.

Es sieht so aus, als sei die Idee der Konzentration von Reichtum an einem Höhepunkt angelangt. Macht und Kapital haben mittlerweile einen derartigen Akkumulationsgrad erreicht, dass es auf der Welt keine Trennung mehr zwischen politischer und finanzieller Macht gibt. Es gab einmal eine Zeit, da gab es Regierungen und Revolutionen. In Lateinamerika gab es viele. Mexiko war im 19. und 20. Jahrhundert in dieser Hinsicht ein wahres Laboratorium. Heute ergibt diese Kultur der Revolutionen, der Völker, die sich erheben und Regierungen stürzen, keinen Sinn mehr. Weder in Lateinamerika noch in Afrika, auf überhaupt keinem Kontinent. Denn die Regierungen gibt es nicht mehr, wir werden heute von großen Konzernen regiert. Wer will eine Revolution gegen Konzerne machen? Es wäre wie ein Kampf gegen Gespenster. Macht ist heutzutage eine Abstraktion, konzentriert auf ein paar Marken, die zu Konzernen zusammengefasst von ein paar Humanoiden vertreten werden. Ich zweifle nicht daran, dass sogar diese auf die Macht des Geldes fokussierten Humanoiden irgendwann satt sein werden. Wir erleben gerade eine schrittweise Veränderung der Lebensbedingungen auf der ganzen Welt und werden alle auf dieselbe Stufe gestellt. Einer, der dreihundert Billionen besitzt, und ich werden in derselben Situation sein.

Diese Leute, die im Besitz des Reichtums sind, werden natürlich ganz schamlos ihre Zentren haben, wo sie sich verschanzen können, ohne Sorgen vor irgendwelchen Krankheiten, jeder mit seinem eigenen Beatmungsgerät. Was sie nicht wissen, ist, dass sogar die Energiequelle ihres geheimen Bunkers abgeschaltet werden kann. Dass es ihnen unabhängig von dem ganzen Apparat um sie herum irgendwann so ergehen kann wie dem Astronauten in *2001: Odyssee im Weltraum*, der aussteigt, um einen Blick in die Runde zu werfen, und dann löst sich der Luftschlauch. Dann wird vielleicht dieses winzige Sahnehäubchen der Menschheit, das es für selbstverständlich hält, von den Türmen ihrer Schlösser herab der übrigen Welt beim Sterben zuzusehen, dem gleichen Risiko ausgesetzt sein. Manche Kritiker schließen auch das aus und sagen, diese Typen besäßen schon immer die unglaubliche Fähigkeit, in der Krise nur noch eine weitere Gelegenheit zu erkennen, um noch mehr Reichtum zusammenzutragen, aber auch das hat Grenzen. Es gibt sogar ein physikalisches Gesetz, das besagt, dass sich nichts bis ins Unendliche konzentrieren lässt, weshalb einige Atomreaktoren undicht werden – oder explodieren.

Wir sind süchtig nach der Modernität. Die meisten Erfindungen sind der Versuch von uns Menschen, uns materiell über unsere Körper zu erheben. Das gibt uns das Gefühl von Macht, von Beständigkeit, die Vorstellung, weiter zu existieren. Die Modernität kennt solche Hilfsmittel. Zum Beispiel die Fotografie. Der Gedanke dahinter ist ja nicht neu: ein Bild über den Augenblick hinaus zu erhalten, in dem man sich gerade befindet, ist etwas Großartiges. Aber wir bleiben damit auch gefangen in einer Art Dauerschleife ohne Bedeutung. Es ist eine unglaubliche Droge, weitaus gefährlicher als die, die das System üblicherweise verbietet. Wir sind dermaßen betäubt von dieser unheilvollen Wirklichkeit des Konsums und der Unterhaltung, dass wir uns völlig losgelöst haben vom lebenden Organismus der Erde. Ist denn bei all den Beweisen, den schmelzenden Gletschern, den Ozeanen voller Müll, den immer länger werdenden Listen gefährdeter Arten, der einzige Weg, Leugnern zu beweisen, dass die Erde ein lebender Organismus ist, sie zu zerstückeln? Sie in Stücke zu hacken und zu sagen: »Da schau mal, sie lebt?« Es ist eine unglaubliche Dummheit.

James Lovelock, Begründer der Gaia-Hypothese, wurde aus einer Forschungsgruppe der NASA entfernt, beiseitegeschoben von einer Truppe, die zu sehr an Darwin glaubte. Für sie war die Vorstellung einer als Organismus lebenden Erde unwissenschaftlich. Bis Ende der 1990er-Jahre wurde jede Art Forschung geringschätzig betrachtet, die diesen Organismus als etwas Intelligentes betrachtete. Thomas Lovejoy, der als Vater der Studien zur Biodiversität gilt, und eine ganze Reihe von Forschern, die sich mit der Gaia-Theorie befassten, wurden in alle Winde zerstreut – das Ansehen einiger dieser Wissenschaftler sank dermaßen, dass niemand mehr ihre Arbeit finanzieren wollte. Trotzdem gibt es Nachfolger, die weitermachen: Hier in Brasilien zum Beispiel beschäftigt sich Antonio Nobre mit der Hypothese der Existenz unterschiedlicher Sprachen, über die sich die Erde mit uns verständigt. Und in den letzten fünf oder sechs Jahren, mit der Verschärfung der Klimakrise, je mehr der Planet anfängt zu kochen, beginnt die skeptische Position dieser Leugner zu bröckeln, und sie versuchen die Gaia-Theorie zu verstehen. Das nur für die Zweifelnden. Wer jemals die Stimme der Berge, der Flüsse, der Wälder gehört hat, braucht keine Theorie: Jede Theorie ist nur das Bemühen, Starrköpfen eine Wirklichkeit zu erklären, die sie nicht sehen können.

Wir, ganz egal ob im Wald oder in einer Wohnung, müssen unsere innere Kraft wecken und aufhören, die Schuldigen um uns herum zu suchen: Konzerne, Regierungen. All das wird zu Ende gehen, und wir dürfen uns nicht das gleiche Verfallsdatum geben. Wir dürfen nicht darauf warten, dass uns die Regierung versorgt oder der Supermarkt oder irgendeine dieser Fabriken, die alles in Plastik verpacken. Die meisten Leute essen nur Zeug, das offensichtlich vergiftet ist, Erdbeeren oder Tomaten, und dazu vieles, von dem sie nicht einmal wissen, was es eigentlich ist. Da steht eine Auflistung von Begriffen drauf, von denen wir nicht wissen, was sie bedeuten. Wie soll man so etwas vertrauen? Es kann doch jeder Müll darin verarbeitet sein, der nun an dich verfüttert wird. Deswegen wäre es viel besser, wir würden uns selbst um die Saat kümmern, sie keimen sehen, sie begleiten und schließlich ernten. Nur so wird man wissen, woher das, was man isst, kommt.

An unterschiedlichen Orten setzen sich Leute dafür ein, dass der Planet eine Chance bekommt, durch Agrarökologie, durch Permakultur. Diese Mikropolitik verbreitet sich und wird an die Stelle der Enttäuschung über die Makropolitik treten. Die Akteure der Mikropolitik sind Leute, die hinter ihrem Haus ein Gemüsebeet anlegen, Bürgersteige aufbrechen, um dort irgendwas keimen zu lassen. Sie glauben daran, dass es möglich ist, den Betonsarg der Großstädte zu beseitigen. Ich muss oft an das Lied »Refazenda« von Gilberto Gil denken, in dem es heißt: »Avocadobaum / wir wollen dein Tun achten / Wir sind nämlich auch aus dem Wald / wie die Ente, der Löwe.« Die Menschen haben sich im Laufe der Zeit in den Metropolen immer weiter zusammengedrängt, und der Planet ist zu einer Hochhaussiedlung geworden. Nun entsteht innerhalb dieses Betons eine Utopie der Veränderung dieses urbanen Friedhofs der lebendig Begrabenen. Agroforst und Permakultur zeigen den Völkern des Waldes, dass es auch in den Städten Personen gibt, mit denen neue Bündnisse möglich sind, ohne diese gedankliche Trennung in Land auf der einen Seite und Stadt auf der anderen.

Es mag den Einwand geben: »Wir können doch nicht mehr zurück zur Agrargesellschaft!« Wahrscheinlich tatsächlich nicht. Nicht zuletzt, weil es längst keine Landwirtschaft mehr ist, was die Leute dort überall auf der Welt betreiben. Es gibt in Brasilien diese unmoralische Kampagne mit dem Slogan »Agro ist tech, Agro ist pop, Agro ist alles«, in der ein gesamter Industrialisierungsprozess gezeigt wird, nicht nur von Lebensmitteln, sondern sogar von Erzen. Erz ist Agro, Raub ist Agro, der Überfall auf den Planeten ist Agro, und alles ist Pop. Dieser Notstand, den wir zurzeit auf der Erde erleben, ist wahrscheinlich die Quittung für all dieses »Agro«.

Hier in meiner Region wirkt der Bergbaukonzern Vale wie die Aktienbörse: nervös. Seit die Welt zum Stillstand gekommen ist, legt man dort los. Die Eisenerzzüge fahren dreihundert, vielleicht fünfhundert Meter von meinem Haus entfernt vorbei. Nur ein im Koma liegender Fluss trennt uns von den Eisenbahnschienen. Und die Züge sind riesig: Die Erde bebt, wenn sie vorbeifahren. Das Hin und Her hört nicht auf, die ganze Nacht über, den ganzen Tag lang. Ich denke mir manchmal: Ist das jetzt der endgültige Überfall? Es geht ihnen schlechter als vorher, ihr Fieber ist gestiegen. Als hätte irgendwo auf der Welt ein Frachter gesagt: »Schickt alles auf einmal her, los!«

Die Lösung ist, den Blick auf uns selbst zu lenken, den Zug, der da draußen vorbeifährt, nicht überbewerten. Wir müssen aufhören, uns zu entwickeln, und anfangen, uns zu engagieren.

Wenn alles sich um einen dreht, braucht man jemanden, den man rufen kann. In meinem Fall ist das der brasilianische Dichter Carlos Drummond de Andrade. Er ist für mich einer von diesen bunten Fallschirmen, von denen ich in meinem ersten Buch spreche. »Der Mensch; die Reisen« ist ein Gedicht über genau das, was wir gerade erleben:

Bleiben andere Systeme außerhalb
des Sonnensystems zu kolonisieren.
Wenn alles zu Ende ist
bleibt dem Menschen
(ist er darauf gefasst?)
die schwierigste, allergefährlichste Reise
von sich selbst zu sich selbst:
den Fuß auf die Erde zu setzen,
auf den Grund seines Herzens
erfahren
kolonisieren
zivilisieren
humanisieren
den Menschen
und sein eigenes unerforschtes Inneres zu
    entdecken,
die beständige, unverdächtige Freude
des zusammen-Lebens

Drummond ist mein Schutzschild. Man wird noch Großartiges über ihn herausfinden, wie dieser Geistesblitz, den er über die Reise des Menschen zum Mond hatte, als die Rakete in den Weltraum gerade abhob.

Damals war die NASA ein gemeinsames Projekt des Westens, der auf den Weltraum spekulierte, zuletzt aber ist sie ein Public-private-Partnership mit den Milliardären eingegangen für deren irre Idee einer Biosphäre, einer Kopie von der Erde. Die Kopie wird so mittelmäßig sein wie sie selbst. Wenn ein Teil von uns glaubt, es sei möglich, einen anderen Planeten zu kolonisieren, heißt das, dass sie nichts aus der Erfahrung hier auf der Erde gelernt haben. Ich frage mich, wie viele Erden diese Leute noch verbrauchen müssen, bis sie begreifen, dass sie auf dem falschen Weg sind. Ich weiß auch nicht, wie wir dieses Rätsel »BHP-Samarco-Vale« entschlüsseln sollen, diesen Komplex, der die Ausbeutung, die Verarbeitung unserer Berge betreibt und sie nach sonst wohin auf der Erde verschifft. Unsere Berge, um die der Popmusiker und Songwriter Milton Nascimento weint, wenn er sieht, wie sie abgebaut werden. Hier begegnen sich Carlos Drummond de Andrades Gedichte und die Songs von Milton Nascimento.

In den 1990er-Jahren war ich an vielen anderen Orten, dann bin ich wieder nach Minas Gerais zurückgekehrt, um hier mehr Zeit zu verbringen. Ich musste meine Beziehung zu dem Ort wiederherstellen, wo die Berge aus Wind bestehen: Sie sind da, um gefressen zu werden. Ich musste an das tragische Schicksal der Gegend, die diesen Namen trägt, denken: Minas Gerais*. Oder an Diamantina, wo Bergbauunternehmen eindringen, um Diamanten und wertvolle Steine zu holen – die Obsession, den Boden zu durchlöchern. Der Ort, wo ich bin, wird Quadrilátero Ferrífero** genannt. Wie kann man nur so geschmacklos sein, einem Ort einen solchen Namen zu geben? Was er bedeutet? Dass wir in Eisen liegen, in Ketten, erledigt sind. Zwei Staudämme, der eine in Mariana, der andere in Brumadinho, haben Eisenerz über uns ausgeschüttet. Die lange Entwicklung dieser Technologien, auf die wir so stolz

---

*   Allgemeine Bergwerke
** Eisernes Viereck

sind, hat auch unsere Flüsse mit Gift angefüllt. Ich habe davon gesprochen, dass die Erde zerlegt wird, geviertelt. Das wird nicht einmal nötig sein, denn die Apparaturen, die diese Leute in die Berge stecken, wie am Rio Doce – der vom Schlamm aus den Bergwerken verätzt wurde –, sind ein so drastischer Eingriff in die Erde, dass es sie längst schon zerrissen hat.

Von hier aus über den Fluss ist ein Berg, der über unser Dorf wacht. Heute ist er von Wolken verhüllt aufgewacht, es hat geregnet, und jetzt umkreisen die Wolken den Gipfel. Ihn anzuschauen ist eine unglaubliche Erleichterung für jede Art Schmerz. Das Leben durchzieht alles, einen Stein, die Ozonschicht, die Polkappen. Das Leben geht von den Ozeanen bis aufs Festland, von Norden bis Süden, wie eine Brise in alle Richtungen. Das Leben ist dieses Durchdringen des lebenden Organismus der Erde in einer immateriellen Dimension. Anstatt dass wir uns den Organismus der Erde als atmendes Wesen vorstellen, was ziemlich schwierig ist, denken wir lieber das Leben als etwas, das Berge, die Polkappen, Flüsse und Wälder durchzieht! Dieses Leben, das wir banalisiert haben, von dem die Leute nicht einmal wissen, was es ist, und es sich nur als ein Wort vorstellen. So wie es die Worte »Wind«, »Feuer«, »Wasser« gibt, glauben die Leute, es könne auch ein Wort namens »Leben« geben. Aber nein. Leben ist Transzendenz, es übersteigt die Bedeutung aus dem Wörterbuch, es kennt keine Definition.

TRÄUME VOM VERTAGEN
DES WELTUNTERGANGS

Wenn ich die Frage stelle, ob wir eine Menschheit sind, gibt mir das Gelegenheit, über deren tatsächliche Zusammensetzung nachzudenken. Darüber, ob darin all unsere Netzwerke und Verbindungen seit der Antike berücksichtigt sind. Ob der Beitrag, den die Leute damals in ihren Höhlen für die Gesamtheit – diesen unerschöpflichen Ozean – geleistet haben, noch eine Verbindung zu unseren Nervenenden heute in dieser so weit entfernten Epoche hat. Oder ob wir, anstatt unsere Vorfahren als diejenigen zu betrachten, die lange schon vor uns da waren, wenn wir das

Fernglas einmal umdrehen, auch von ihnen gesehen werden. Der Traumforscher Sidarta Ribeiro macht eine sehr interessante Beobachtung: Die Jagdszenen in den Höhlenmalereien zeigen möglicherweise gar keine Alltagsszenen, sondern Träume. Wir waren immer schon in der Lage, einen Unterschied zu erkennen zwischen der Erfahrung im wachen Zustand und der Welt der Träume, also werden wir sicherlich auch Geschichten aus dieser anderen Welt in den Wachzustand übertragen können.

Die Art von Traum, die ich meine, ist eine Institution. Eine Institution, die Träumerinnen und Träumer zulässt. In der die Leute unterschiedliche Sprachen lernen, sich Handwerkszeug aneignen, um sich selbst und der eigenen Umwelt gegenüber bewusst zu werden. Auf den Höhlenmalereien von vor zwanzig-, dreißigtausend Jahren zum Beispiel ist zu erkennen, was Jägerinnen und Jäger beschäftigte. Die Träume von jemandem, der oder die sich heute Sorgen macht, über Flutwellen und die ökologische Katastrophe der Erde, ähneln vielleicht mehr denen eines Pajés der Xavante, wie diesem, der mich damals vor vierzig Jahren in der Serra do Roncador zu sich rief. Dort in der Umgebung des Xingu, auf dem indigenen Territorium Pimentel Barbosa, lebte ein Herr namens Sibubá. Dieser Greis rief irgendwann alle zusammen, die er als seine Neffen betrachtete – darunter auch mich – und sagte: »Ich hatte einen Traum, in dem der Geist der Jagd sehr wütend war und sagte, ich würde mich nicht gut um die Geister der Tiere kümmern, denn die *Waradzu* (die Weißen) seien auf der Jagd auf alles und würden bald alles Wild ausgerottet haben, und dann hätten die Leute nichts mehr zu essen.« Aus der Sicht dieses Pajé, der die jungen Leute zusammengerufen hatte, um seine Träume mit ihnen zu teilen, würde die Erde bald trostlos sein.

Da wurde mir klar, dass die Perspektive der indigenen Völker, unsere Art zu beobachten und zu denken, ein Stück Verständnis in dieses Gesamtbild der Welt der Erkenntnis bringen kann. Damals begann ich die Wälder in Acre, Rondônia, überall, zu besuchen, und überall sagten die Pajés: »Ihr müsst aufpassen, denn die Welt der Weißen dringt in unsere Existenz ein.« Eindringen. Damals hörte ich diesen Alten als Zuschauer zu. Bis ich anfing, die gleichen warnenden Träume zu haben, wenn ich die Straßen sah, die Bagger, die Kettensägen, die immer näher kamen, den Lärm, wie sie die großen Bäume zu Fall brachten, den Aufruhr der Flüsse. Ich hörte die Flüsse reden, mal wütend, mal gekränkt. Wir haben uns als ein Teil des Nervensystems etabliert, das wir Natur nennen. Und die Vorahnung dieses Pajés, der damals eine ganze Generation, die heute fünfzig, sechzig Jahre alt ist, davor warnte, dass ihr Territorium verwüstet werden würde, ohne Wildtiere, hat sich als absolut zutreffend erwiesen. Das Agrobusiness hat das Cerrado erobert, der Xingu ist bedeutungslos geworden, ein winziger Kuchen, umgeben von Soja, und die Planierraupen zerschneiden weiterhin alles. Seit dieser Zeit mache ich die Erfahrung des Traums als Institution, die Menschen dafür bereit macht, sich mit ihrem Alltag zu beschäftigen.

Diese Institution verständigt sich auch mit ganz alltäglichen Bereichen. Träumen ist eine Handlung, die man als kulturelle Übung verstehen kann, in der die Leute frühmorgens den Traum erzählen, den sie gerade hatten. Nicht öffentlich, sondern mehr innerlich. Du erzählst deinen Traum nicht auf der Straße, sondern Leuten, zu denen du eine Beziehung hast. Was auch nahelegt, dass der Traum ein Ort der Vermittlung von Zuneigung ist. Zuneigung im weitesten Sinne des Wortes: nicht nur der Mutter oder deinen Geschwistern gegenüber, sondern im Sinne des Traums als etwas, das die Gefühlswelt betrifft, insofern als der Akt des Erzählens die Verbindungen aus der Welt des Traums ins Erwachen herüberträgt, sie den Mitmenschen mitteilt, und all das im selben Moment zu nicht greifbarer Materie werden lässt. Wenn der Traum erzählt ist, kann, wer auch immer ihn gehört hat, sein Werkzeug nehmen und die Tätigkeiten des Tages aufnehmen: Der Fischer kann fischen gehen, der Jäger kann jagen, und wer nichts zu tun hat, kann sich zurückziehen. Es gibt keinen Schleier, der ihn vom Alltag trennt, und so kann der Traum mit wunderbarer Klarheit zutage treten.

Es gibt viele Arten von Traum. Wenn man mich einlädt zu einer Reise, hoffe ich, davon zu träumen. Wenn ich von einer Reise nicht träume oder von einer Einladung irgendwo anders hin, heißt es für mich, dass ich nicht reisen werde. Ich weiß im Voraus nie, was ich tun werde. Es ist eine Orientierung, die man sich als Zauberei vorstellen kann, aber in Wirklichkeit ist es unsere Art zu leben. Solange wir sie uns bewahren, werden wir bleiben, wer wir sind. Die Erfahrung eines kollektiven Bewusstseins bestimmt viele meiner Entscheidungen. Es ist eine Art, unsere Integrität zu bewahren, unsere kosmische Verbindung. Wir bewegen uns hier auf der Erde, aber auch an anderen Orten. Die meisten indigenen Verwandten tun das. Man braucht sich nur die Werke der Jüngeren ansehen, die auf dem Gebiet der Kunst und der Kultur unterwegs sind, veröffentlichen, sprechen. An ihnen lässt sich diese kollektive Sichtweise feststellen. Ich kenne kein einziges Individuum aus keinem einzigen Volk von uns, das sich allein durch die Welt bewegt. Wir bewegen uns immer in Konstellationen.

Die Krenak sind mit den Xavante verwandt, mit den Krahô, den Kaiapó, wir sind ein Volk der Jê. Also sagen wir, wir sind Jäger und keine Ackerbauern. Ich glaube, bei uns herrschen immer noch Weltanschauungen und Mentalitäten von Jägern und Sammlern, auch in Situationen, in denen es längst nichts mehr zu jagen oder zu sammeln gibt. Diese Traditionen haben auch heute noch eine direkte Verbindung zu unserer

Subjektivität, deswegen träumen die Jäger auf eine Weise, die Ackerbauern auf eine andere. Es gibt eine alte Geschichte im Volk der Krenak, in der es heißt, der Schöpfer habe eine Menschheit hier auf der Erde ausgesetzt und sei irgendwohin ins Weltall gegangen. Irgendwann habe er sich an uns erinnert und gesagt: »Ach, ich habe ja meine Geschöpfe da auf der Erde gelassen, ich muss doch mal nachsehen, was aus ihnen geworden ist.« Als er dann diesen unglaublichen Weg bis hierher zurücklegte, überlegte er sich: »Und wenn sie zu etwas viel Schlimmerem geworden sind, als ich mir vorstellen kann? Am besten treffe ich mich nicht persönlich mit ihnen. Ich mache Folgendes: Ich verwandle mich in ein anderes Wesen, um nach meinen Geschöpfen zu sehen.« Also verwandelte er sich in einen Ameisenbären und verschwand im Gestrüpp. Irgendwann kam eine Gruppe von Jägern mit Knüppeln und Schlingen, sie stürzten sich auf ihn, fingen ihn, nahmen ihn mit in ihr Lager, natürlich, um ihn zu essen. Zwei Kinder, Zwillinge, sahen das und verhinderten, dass man ihn aufs Feuer legte. Da gab er sich den Kindern, die ihm die Flucht ermöglicht hatten, bevor die Erwachsenen etwas davon mitbekamen, zu erkennen. Von einer Anhöhe aus riefen sie ihm nach: »Großvater, wie findest du uns, deine Geschöpfe?« Und Gott antwortete: »Es geht so.«

Die Vorstellung der Krenak von der Menschheit ist keine besondere. Menschen sind nicht zertifiziert, sie können durchaus auch schiefgehen. Die Vorstellung, dass die Menschheit vorherbestimmt sei, ist ein Unsinn. Kein anderes Tier glaubt das. Die Krenak misstrauen dieser Bestimmung des Menschen, und deswegen schließen wir uns dem Fluss an, dem Stein und den Pflanzen und allen anderen Wesen, die uns nahe sind. Es ist wichtig zu wissen, mit wem man sich einlässt, ganz im existenziellen Sinne, anstatt voller Überzeugung zu glauben, man sei der alleinige Besitzer dieses Balls. Genau aus dieser Beobachtung heraus finde ich, dass wir nicht die Menschheit sind, die wir zu sein glauben. Ungefähr so: Wenn wir glauben, der Lauf dieses wunderbaren Organismus Erde sei von den Menschen bestimmt, begehen wir den schwerwiegenden Fehler zu glauben, es gebe eine besondere menschliche Eigenschaft. Wenn es aber diese Eigenschaft gäbe, müssten wir uns heute nicht über die Gleichgültigkeit einiger Leute gegenüber dem Tod und der Zerstörung der Lebensgrundlagen auf der Erde unterhalten. Den Wald zu zerstören, den Fluss, die Landschaften, den Tod von Menschen zu ignorieren, zeigt doch, dass es keinerlei Qualitätsstandard für die Menschheit gibt, dass dies nicht mehr als ein historisches Konstrukt ist, das sich in der Realität nicht bestätigt.

Das 20. Jahrhundert mit all seinen Kriegen zeigt das sehr deutlich. Es musste eine Art Waffenstillstand kommen, weil wir uns so bewaffnet hatten, dass wir den Planeten – mehrfach – zerstören könnten. Wenn unsere Technik uns so weit gebracht hat, ist dies doch Beweis genug für unsere Unfähigkeit, für unsere Vergewaltigung aller anderen Wesen: Sie sind alle betroffen von unserem rücksichtslosen Verhalten. Wenn wir uns schon dafür schämen, was in unserem Land passiert, gibt es in der Biosphäre noch Millionen von anderen Wesen, die sich unsere Niederträchtigkeit anschauen und sich fragen: »Was machen die Menschen da?« Wir erleben eine globale Tragödie. Selbst wenn einige Menschen durchaus über ihren eigenen Tellerrand hinausschauen, sind sie damit doch kaum mehr als ein winziger Teil. Wir müssen inmitten von alldem eine Vorstellung entwickeln, wie wir aus diesem Sumpf wieder herauskommen.

Das, was die politischen Wissenschaften und die Ökonomie Kapitalismus nennen, hat sich wie Metastasen über den ganzen Planeten verbreitet und sich auf unkontrollierbare Weisen ins Leben gefressen. Sollten wir versuchen, die Welt nach der Pandemie nach dem gleichen Schema wieder hochzufahren, wird klar, dass wir uns in einer Krise im Sinne eines Fehlers befinden. Wenn wir aber erkennen, dass wir uns gerade in einem Übergang befinden, sollten wir uns klarmachen, dass unser kollektiver Traum von der Welt und die Stellung der Menschheit in der Biosphäre irgendwie anders gestaltet werden müssen. Wir können die Welt weiter bewohnen, nur anders. Sonst wäre es wie auf den Himalaja zu steigen und dabei sein Haus, den Kühlschrank, den Hund, den Papagei, das Fahrrad mitnehmen zu wollen. Mit einem solchen Gepäck wird man nie oben ankommen. Wir müssen uns radikal neu erfinden, um hierbleiben zu können. Und wir sehnen uns nach diesem Neuen, denn es könnte uns überraschen. Vielleicht mit dem Offensichtlichen wie in den Versen von Caetano Veloso in dem Song »Um Índio«*. Plötzlich wird alles klar, und wir müssen nur eine andere Ausrüstung mitnehmen. Und – Überraschung! – die Ausrüstung, die wir benötigen, um in der Biosphäre zu bleiben, wird unser eigener Körper sein.

Es gibt Völker, die ein Verständnis dafür haben, dass unsere Körper mit allem, was Leben ist, in Beziehung stehen und dass die Zyklen der Erde auch die unseres eigenen Körpers sind. Wir beobachten die Erde, den Himmel und spüren, dass wir nicht losgelöst sind von anderen Wesen. Mein Volk kennt, wie andere Verwandte, die Tradition, den Himmel aufzuhalten. Wenn er der Erde zu nahe kommt, gib es einen Teil der Menschheit, der diesen Druck aufgrund seiner kulturellen Erfahrung spürt. Er ist saisonal, hier in den Tropen ist dies, wenn der Frühling kommt. Dann muss man tanzen und singen, um den Himmel zurück-

---

* Und das, was sich in diesem Augenblick allen Völkern zeigt /
Wird alle überraschen, nicht, weil es exotisch ist / Sondern,
weil es so lange nicht zu erkennen gewesen war / Wo es doch
so offensichtlich ist

zuhalten, damit die Veränderungen, die sich auf die Gesundheit der Erde auswirken, auf die aller Wesen, sich genau in der Zeit dieses Übergangs vollziehen. Wenn wir dieses Ritual namens *taru andé* ausüben, verleiht uns die Gemeinschaft mit dem Geflecht des Lebens Kraft.

Den Himmel zurückzuhalten bedeutet, den Horizont aller zu erweitern, nicht nur den der Menschen. Es geht um Erinnerung, ein kulturelles Erbe aus der Zeit, in der unsere Vorfahren so mit dem Rhythmus der Natur im Einklang waren, dass sie nur einige Stunden am Tag arbeiten mussten, um sich mit allem zu versorgen, was sie zum Leben brauchten. Die übrige Zeit konnte man singen, tanzen, träumen: Der Alltag war eine Erweiterung des Traums. Und die Beziehungen, die in der Welt des Traums geknüpften Verbindungen, behielten nach dem Aufwachen ihre Gültigkeit. Wenn wir an die Möglichkeit einer Zeit nach dieser denken, träumen wir von einer Welt, in der wir Menschen uns neu erfinden müssen, um weiter vorhanden zu sein. Wir müssen andere Körper hervorbringen, andere Gefühle, andere Träume träumen, um in dieser Welt aufgenommen zu werden und in ihr zu wohnen.

Wenn wir die Dinge so sehen, wird das, was wir heute erleben, nicht mehr nur eine Krise sein, sondern eine wunderbare, vielversprechende Erfahrung.

DIE MASCHINE ZUR HERSTELLUNG VON DINGEN

Die unterschiedlichen indigenen Erzählungen über den Ursprung des Lebens und unsere Verwandlung hier auf der Erde sind Erinnerungen an die Zeit, als wir zum Beispiel Fische waren. Denn es gibt Leute, die Fische oder Bäume waren, bevor sie sich als Mensch empfanden. Wir alle waren schon einmal etwas anderes, bevor wir Personen waren – das ist die Botschaft aus den Erzählungen unserer Verwandten Ainu im Norden Japans und Russlands, der Guarani, der Yanomami, unserer Verwandten in Kanada und in den Vereinigten Staaten. Wer weiß, ob nicht vielleicht sogar die uralten mesopotamischen

Völker solche Geschichten hatten? Die Indigenen Amerikas und alle Völker mit uraltem Gedächtnis erinnern sich noch daran, als sie noch nicht Menschen waren.

Wenn die ursprünglichen Völker von einem Volk sprechen, das »standhaft« bleibt, stellen sie damit eine Analogie zu den Bäumen und Wäldern her. Denken die Wälder als Wesen, riesige intelligente Organismen. Dann sprechen die Gene mit uns, die wir mit Bäumen gemeinsam haben, und wir können die Größe der Wälder des Planeten spüren. Dieses Gefühl wiederum mobilisiert Menschen für den vernachlässigten Gedanken, die Wälder zu schützen. Es gibt Vereine, die sich zusammenschließen, um einen Wald zu beschützen, ein Naturreservat zu schaffen, und mein Nachbar Sebastião Salgado* hier nebenan hat ein Grundstück, das er zum »Instituto Terra« gemacht hat. Es ist eine kleine Kostprobe der ansonsten verwüsteten Region des mittleren Rio Doce, die mit dem Ziel wieder in Ordnung gebracht wurde, den Leuten zu zeigen, dass man

---

* Sozialdokumentarischer Fotograf; u. a. 2019 mit dem Friedenspreis des Deutschen Buchhandels ausgezeichnet.

einen Wald wiederherstellen kann. Jeder von uns – nicht die Wirtschaft, nicht das gesamte System – kann Positives leisten in diesem Chaos und sich, um es so auszudrücken, für eine Selbstharmonisierung einsetzen.

Seit vierzig Jahren ist der Kampf für die Eindämmung der Abholzung sogar schon Programm bei der Weltbank, der UNO, und alles hat sich als erfolglos erwiesen. Die einzigen Wälder, die mit viel Sachverstand und in großem Maßstab angepflanzt werden, sind die kurzlebigen, die in sechs bis acht Jahren wieder abgeholzt und zu Zellulose verarbeitet werden. Was ich damit sagen will, ist, dass meine persönliche Entscheidung, keine Bäume mehr zu fällen die weltweite Vernichtung der Wälder nicht ungeschehen machen kann. Meine Entscheidung, kein Auto und keine fossilen Brennstoffe zu nutzen, nichts zu konsumieren, was die globale Erwärmung beschleunigen könnte, ändert nichts daran, dass wir längst schwitzen. Und wenn der Planet sich um weitere eineinhalb Grad erwärmt, werden viele Arten noch vor uns sterben. Dieser Eisbär, der durch die Arktis spaziert, sieht schon mehr aus wie ein

Hund, der sich verlaufen hat. Er verhungert, hat eine andere Farbe, ist krank. Es tut weh, diesen Bären zu sehen. Ich glaube nicht, dass es eine werbemäßige Übertreibung war, sein Bild zu benutzen, um zu zeigen, wie wir das Leben in der Arktis zugrunde richten.

Es war beeindruckend, wie wir in der Pandemie alle Aufrufe befolgt haben, zu Hause zu bleiben und Abstände einzuhalten. Mit Ausnahme von ein paar Exzentrikern waren alle damit einverstanden. Wenn wir also in der Lage sind, eine Ansage wie diese zu hören, alle zur gleichen Zeit zu Hause zu bleiben, warum sind wir dann nicht auch in der Lage, auf die Ansage zu hören, dass wir aufhören müssen den Planeten zu plündern? Aufhören, die Flüsse und Wälder zu zerstören? Es geht hier um höhere Werte.

Viele sagen, es sei die Sprache, die uns von anderen Wesen unterscheide, die Tatsache, dass wir sprechen, urteilen und soziale Beziehungen eingehen können. Wenn aber das Hauptmerkmal des Menschen sein soll, dass er sich von allem anderen Leben auf der Erde unterscheidet, erinnert das mehr an die Science-Fiction, die behauptet, die Menschen auf der Erde seien überhaupt nicht von hier. In dieser verhaltenen Zeit voller Überraschungen sagte ein Freund, mit dem ich mich schon lange austausche: »Ailton, weißt du, wahrscheinlich sind diese Leute hier auf der Erde von anderen Sternbildern gekommen, waren Androide mit einer sehr schlimmen Vergangenheit, und deswegen tragen sie diese Krankheit der Maschinen in sich.« Ich musste dabei daran denken, dass die alten Griechen irgendwann einmal anfingen, die Erde als Mechanismus zu begreifen, ein Gedanke, den ich entsetzlich finde. Aber wer weiß, vielleicht sind ja nicht alle Menschen nicht von hier, und die Menschheit besteht aus vielen unterschiedlichen Teilen. Wir sind Völker, Stämme, Konstellationen von Menschen, über die ganze Erde verbreitet und mit sehr unterschiedlichen Lebenserinnerungen.

Freunde von mir, die sich mit Geschichte der Philosophie und der Technologien beschäftigen, sagen mir, die Entfremdung des Menschen von seinem Zugehörigkeitsgefühl zur Gesamtheit des Lebens sei eingetreten, als man entdeckte, dass man sich die Technik zunutze machen kann. Einfluss nehmen auf die Erde, das Wasser, den Wind, das Feuer, sogar die Unwetter, die man vorher als das Handeln einer übernatürlichen Macht interpretierte. In der Tradition, zu der ich gehöre, gibt es keine übernatürliche Macht. Jede Macht ist natürlich, und wir sind Teil von ihr. Die Schamanen sind Teil von ihr. Die Pajés in ihren unterschiedlichen Kosmologien gehen von hier fort und im Kosmos woandershin. Es gibt eine Reisetätigkeit unter den Erdbewohnern (nicht Erdlingen, sonst wären diejenigen, die nicht von hier sind, falls es sie gibt, nicht mitgemeint) auf der Erde und auch außerhalb von ihr. Davi Kopenawa erzählt uns in seinem Buch »La chute du ciel« von diesen Übergängen in der Weltsicht der Yanomami. Da geht es um einen, der Neffe der Sonne ist, ein Verwandter der Yanomami. Ich fand den Gedanken großartig, dass jemand, mit dem man selbst verwandt ist, Schützling eines Himmelskörpers ist. Nicht auf symbolischer Ebene, sondern in Wirklichkeit. Dass jemand, etwas Alltägliches mit der Sonne verhandeln kann, weil er ein Neffe ist, ihr Schützling, ein Schwager. Diese Verwandtschaft von Erdenbewohnern mit Wesen und Organismen außerhalb der Erde interessiert mich besonders in Zeiten wie diesen, in denen unterschiedliche Ideen aufeinanderprallen. Es entstehen immer mehr Vorstellungen unterschiedlicher Welten und alle mit dem Gedanken, sie stünden miteinander in Konflikt. Ich kann diesen Moment, den wir gerade erleben, nicht als eine Grenzsituation begreifen, sondern glaube, wir durchleben gerade eine Art Fokussierung, in der wir Gelegenheit haben, uns zu entscheiden, ob wir den Knopf zu unserer eigenen Ausrottung drücken wollen oder nicht. Alles andere auf der Erde wird bestehen bleiben.

Ich kann uns nicht unabhängig von der Natur denken. Wir können uns durchaus gedanklich von ihr unterscheiden, aber nicht körperlich. Die Möglichkeit, mit diesem Körper auf dem Mars oder irgendeinem anderen Planeten zu überleben, wird derart komplexe Apparaturen erfordern, dass es viel leichter wäre, Masken und Beatmungsgeräte zu beschaffen und weiter hier auf der Erde zu leben (und nicht einmal das schaffen wir). Diese unglaublichen Technologien, derer wir uns heutzutage bedienen und die uns miteinander verbinden, enthalten ein hohes Maß an Illusion. Sie sind wie ein Pokal, den uns die Wissenschaft und die Erkenntnis überreicht haben und den wir nun dafür verwenden, unseren Fußabdruck zu rechtfertigen, den wir auf der Welt hinterlassen.

Der Planet sagt uns: »Ihr seid verrückt geworden, habt vergessen, wer ihr seid, und jetzt habt ihr euch verrannt und glaubt, ihr habt mit euren Spielzeugen etwas erreicht.« Denn die Wahrheit ist, dass alles, was uns die Technik gebracht hat, nur Spielzeug ist. Das ausgefeilteste, was uns gelungen ist, ist jenes Spielzeug, das uns in den Weltraum bringt – natürlich auch das teuerste. Ein Spielzeug, das nur für vielleicht dreißig, vierzig Typen da ist: Und natürlich gibt es ein paar Milliardäre, die damit spielen wollen. Was mich wiederum auf den Gedanken bringt, dass diese imaginäre Menschheit geistig nicht nur unglaublich infantil ist, sondern auch keine kritische Betrachtung ihrer eigenen Geschichte hinbekommt. Einer Geschichte, die in den meisten Fällen eine Schande ist. Was gibt es zu feiern daran, dass wir in einer Liveübertragung zu drei oder viertausend Leuten sprechen können mit einem Gerät, das ein Produkt einer Zivilisation ist, die, um Spielzeuge herzustellen, den Planeten vernichtet?

Nur ist die Erde ein Organismus, der viel größer ist als wir, viel klüger und mächtiger, und wir sind sein überflüssigstes Spielzeug. Die Erde kann uns einfach ausschalten, uns die Luft abdrehen, und das ohne großes Getöse.

Die fossilen Brennstoffe, von denen die Welt heute abhängt, hätte man schon in den 1990er-Jahren längst aufgeben sollen – so hieß es schon damals in allen Untersuchungen. Seitdem wurde nur immer mehr auf der Grundlage von Erdöl hergestellt. Seit Ende der 1970er-Jahre, spätestens Anfang der 1980er wissen wir von der Zerstörung der Ozonschicht. Wie kann es sein, dass man trotz dieses Wissens, dass gerade das Himmelsdach ruiniert wird, nicht mehr dagegen tut, als einen anderen Kühlschrank zu kaufen? Wenn wir jemandem, der heute zwanzig, dreißig Jahre alt ist, sagen, er soll das mal alles infrage stellen, kann diese Person sagen: »Jetzt, wo ich dran bin, kommst du und sagst mir, die Party ist vorbei?« Es gibt diesen Wunsch, diese Konsumbedingungen des Lebens auf unbestimmte Zeit zu verlängern, ohne dass die Maschine, die Dinge herstellt, abgestellt werden muss.

Das kapitalistische System besitzt eine so große Macht der Vereinnahmung, dass jede Schweinerei, die es verkündet, sofort zur Manie wird. Wir sind alle süchtig nach Neuem: ein neues Auto, eine neue Maschine, neue Kleidung, irgendwas Neues. Natürlich heißt es: »Wir können ein Auto herstellen, das elektrisch funktioniert, ohne Benzin, und das keine Abgase produziert.« Aber es wird so teuer sein, so raffiniert, dass es wiederum zum Objekt der Begierde wird. Wir wissen, dass wir Dinge aufgeben müssen, die unser Leben auf dem Planeten zerstören, das Problem dabei ist, dass die Leute sie nur für noch neuere und noch schönere Dinge aufgeben wollen. Ob sie den Mut hätten, einfach nur einen Elektromotor in das Auto einzubauen, das es schon gibt? Wozu noch eine Million Autos bauen? Die Leute waren wahrscheinlich noch nie in Havanna, dort gibt es Autos von 1950, 1947, 1936, von was weiß ich wann, und die Leute kommen damit zurecht. Oder werden wir erst etwas aufgeben können, wenn wir das nächste Spielzeug einfach nicht mehr bekommen?

Andererseits ist die Wissenschaft inzwischen dermaßen fortgeschritten, dass die Leute glauben, sie müssten nicht einmal mehr sterben. Die

Wissenschaft, die Medizin haben Erweiterungen des Lebens geschaffen mit tausend Apparaturen, aber völlig vernachlässigt, dass Leute innerhalb eines Kreislaufs von Leben und Tod leben wollen, wie es die Natur vorsieht. Und so haben sie diese Möglichkeit ausgebaut, dass sich Menschen auf dem Planeten verbreiten und ihn unkontrolliert besetzen. Wir bedienen uns aller Mittel der Technologie und der Wissenschaft, um die Vorstellung zu untermauern, alle Welt könne genug zu essen haben, alle könnten Kühlschränke besitzen, es könne für alle ein Krankenhausbett geben, und alle würden immer später sterben. Die Leute heute wollen in Krankenhäusern zur Welt kommen und dann abgeschirmt von der Möglichkeit leben, auch einmal sterben zu müssen. Das ist eine Verfälschung des Lebens. Wenn wir unsere Essensgewohnheiten verändern wollen, könnten wir auch einmal über unsere Gewohnheiten, geboren zu werden und zu sterben, nachdenken und sie ändern. Ich bin nicht ewig und will mich auch gar nicht verewigen. Die Wissenschaft und die Technologie glauben, die Menschheit könne nicht nur ungestraft auf den Planeten einwirken, sondern sei sowieso die letzte überlebende Spezies und könne, wenn alles den Bach runtergeht, als einzige von hier entkommen.

Es kann also sein, dass sich diese Letzten, die sich hier aus einer anderen Galaxie eingeschlichen haben, auf diese Party auf der Erde so danebenbenehmen, dass die Feier dann schließlich für alle zu Ende ist und sie sich dann auch noch in Richtung Weltraum davonmachen. Genau deswegen sage ich, dass wir noch viel schlimmer sind als dieses Virus, das als Plage dämonisiert wird, die die Welt verschlingt. Wir sind die Plage, die die Welt verschlingt. Einige wissen das und schreien verzweifelt. Chico Mendes* zum Beispiel starb schreiend. Ein Amtsträger hier in Brasilien sagte einmal über ihn: »Wer soll das denn sein?« Mit anderen Worten: Was Chico Mendes getan hat, bedeutet einer Führungspersönlichkeit mit privilegierter gesellschaftlicher Stellung, die zumindest die Pflicht hätte, zu wissen, wer er war, nichts. Viele haben auch schon vergessen, wer Mahatma Gandhi war, viele wissen nicht mehr, wer Martin Luther King war. Deswegen glaube ich, dass in diesem Sprich-

---

* Gewerkschafter und Umweltaktivist. 1988 vom Großgrundbesitzer Darli Alves de Silva und dessen Sohn Darci Alves de Silva ermordet.

wort »eine Schwalbe macht noch keinen Sommer« ein sehr interessantes Geheimnis steckt.

Heute früh erst musste ich an einen Satz von
Mahatma Gandhi denken, als ein englischer Jour-
nalist ihn anlässlich dieser Konflikte um die Be-
freiung Indiens vom Britischen Weltreich fragte:
»Es gibt auf der Erde viel zu viele Menschen, glauben Sie, die Erde kann die Bedürfnisse aller er-
füllen?« Und Gandhi, dessen Denken immer
von dem des modernen Westens infrage gestellt
wurde, antwortete: »Die Welt hat genug für jeder-
manns Bedürfnisse. Wenn Sie aber ein Haus am
Strand haben wollen, eine Wohnung in der Stadt
und noch einen Mercedes-Benz, dann reicht es
für alle nicht.« Ich bewundere die Konsequenz
Gandhis und die Einfachheit, die er predigte. Es
gibt ein Buch von David Wallace-Wells, »Die unbewohnbare Erde«, das zeigt, wie wenig nachhaltig alle Versuche der Welt sind, den Konsum,
die Produktion und die Verteilung von Gütern
zu regulieren. Es geht nie auf. Der Kapitalismus
will uns sogar die Idee verkaufen, wir könnten das
Leben reproduzieren. Man könne sogar die Natur reproduzieren. Man macht alles kaputt, stellt

dann die nächste Welt her, man verbraucht alles Süßwasser und verdient dann einen Haufen Geld damit, Meerwasser zu entsalzen, und wenn es nicht für alle reicht, vernichtet man einen Teil der Menschheit und lässt nur die Konsumenten übrig. Eine Art Big Brother regiert die Welt nach Gutdünken des Kapitalismus. Manche behaupten, die Reichen gingen mit der Welt ordentlich um, nur die Armut sei schuld an der Umweltzerstörung. Diese Behauptung ist nicht nur rassistisch und klassistisch, sondern auch mörderisch. Wer reich ist und sagt, die Armen – 80 % der Weltbevölkerung – würden den Planeten zerstörten, kann ebenso gut vorschlagen, diese Armen bräuchten gar nicht mehr leben. Richtig ist, dass wir nichts von dem brauchen, das dieses System uns zu bieten hat, aber im Gegenzug nimmt es uns alles, was wir besitzen. Wenn ein Politiker sich vor die Bürger stellt und sagt, in der Gemeinde müsse saniert werden, sollte man vorsichtig sein, denn wer dies sagt, will uns in Wirklichkeit dort weghaben. Der Kolonialismus ist fest in den Köpfen der Gemeindevertreter, Bürgermeister, Gouverneure verankert, in allen, die von ihrer Position aus die Möglichkeit haben, einen Knopf zu drücken, eine

Tür zu öffnen. Diese Typen stehen weiterhin im Dienst der Eroberer.

Milton Santos, der mal ein Star in der Debatte um die Globalisierung war, stellte fest, dass sie sich auf das Alltagsleben, Kultur, die Organisation der Arbeit und sogar auf die Vorstellung von arm und reich auswirke, und stellte damit das Paradigma des Kapitalismus infrage: Eine andere Welt darf nicht die Kopie der bestehenden sein, wusste er. Aber für viele innerhalb der westlichen Erkenntnistheorie ist die Vorstellung einer anderen Welt schlicht die einer in Ordnung gebrachten kapitalistischen Welt: Man nehme die Welt, bringe sie in die Werkstatt, tausche das Fahrgestell aus, die Windschutzscheibe, richte ein bisschen die Achse und bringe sie wieder zurück auf die Straße. Eine alte, verkommene Welt in neuem Gewand. Ich bin definitiv nicht bereit, meinen Beitrag zur Begleichung dieser Rechnung zu leisten: Für mich lohnt sich die Reparatur nicht.

Suely Rolnik sagt in »Esferas da insurreição«*, der Kapitalismus habe eine dermaßen große Verände-

---

* dt. etwa: Ebenen des Widerständigen

rung erfahren, dass er zum Nekrokapitalismus geworden und als Kapitalismus nicht einmal mehr auf das Materielle angewiesen sei, sondern alles zu einer Fantasie des Monetären machen und vorspiegeln könne, dass die Welt funktioniere, aktiv sei, während alles bereits durch den Abwasserkanal fließt. Eine Dystopie: Anstatt sich Welten vorzustellen, verbrauchen wir sie. Nachdem wir die Erde verschlungen haben, fressen wir den Mond, den Mars und die anderen Planeten. Das gleiche Problem, das viele haben, sich die Welt als lebendigen Organismus zu denken, habe ich damit zu verstehen, dass der Kapitalismus ein Wesen sei, mit dem wir umgehen könnten. Er ist nämlich kein Wesen, sondern ein Phänomen, das das Leben und den Gemütszustand aller Menschen auf dem gesamten Planeten beschädigt – ich wüsste nicht, wie ich damit ins Gespräch kommen sollte. Mich interessiert, welchen Weg wir nehmen können auf der Suche nach einer Art Gleichgewicht zwischen unserem Sein auf der Erde und der ständigen Entstehung der Welt. Denn die Entstehung der Welt war kein Ereignis wie etwa der Urknall, sondern spielt sich jeden Augenblick ab, hier und jetzt. Das geophysische Ereignis der Existenz des

Planeten im Weltall ist aktiv. Alles, von dem wir denken, es hätte schon existiert, geschieht gerade im Augenblick, und wenn die Leute dies erfassen, werden sie spüren können, dass diese Welt, von der wir aus unterschiedlichen Perspektiven glauben, dass sie existiert, sich andauernd verändert. Es steht nirgendwo auf einer Zeitachse: »Dann und dann wurde die Welt erschaffen.«

Ich glaube, unsere Vorstellung von der Zeit, unsere Art, sie zu zählen und sie als einen Pfeil zu betrachten – der immer in eine Richtung weist –, ist der Grund unseres Irrtums, der Ursprung unserer Loslösung vom Leben. Unsere Verwandten Tukano, Desana, Baniwa erzählen Geschichten von einer Zeit vor der Zeit. Diese Erzählungen, die sehr vielfältig sind, kennen auch Maya und andere Indigene Amerikas. Es sind Geschichten aus der Zeit vor der Existenz dieser Welt, die damit auch auf ihre Dauerhaftigkeit verweisen. Die Nähe zu diesen Erzählungen erweitert unseren Begriff von Sein deutlich, nimmt uns die Angst und auch unsere Vorurteile gegenüber anderen Wesen. Die anderen Wesen *sind* wie wir, und die Wiedererschaffung der Welt ist ein ununterbrochen mögliches Ereignis.

Die Erfahrung, sich in diesem Fluss zu befinden, vermittelt uns klar das Gefühl, dass die Pandemie nicht das größte Unglück des Planeten ist. Wenn wir uns weiter an diesen besoffenen Begriff einer Welt der Waren, der Kontrolle, der Vorherrschaft klammern, werden wir selbstverständlich vor Angst sterben, aber versuch auszusteigen aus dieser Mühle, versuch ein kosmisches Verhältnis zur Welt zu haben. Viele glauben vermutlich, dass diese Erfahrung nur Pajés vergönnt ist oder Leuten, die schon einen gewissen Grad an Transzendenz erreicht haben, aber das, was man Wissenschaft nennt, stellt doch ununterbrochen fest, dass es eine Beziehung der Erde zum Sonnensystem und den Galaxien gibt. Berufen wir uns doch auf diese Erfahrung eines harmonischen Miteinanders mit dem Kosmos: Man kann es in unserem Alltag erfahren, ohne sich diesem Terrorismus der Moderne vollständig zu ergeben.

Viele Völker aus unterschiedlichen Kulturkreisen leben in dem Verständnis, dass wir und die Erde ein Wesen sind, dass wir mit ihr atmen und träumen. Manche schreiben diesem Organismus dieselbe Gebrechlichkeit zu wie dem eigenen Körper: Der Organismus habe Fieber, sagen sie.

Das ist nachvollziehbar, denn bestehen wir nicht zu zwei Dritteln aus Wasser und dann erst aus festen Bestandteilen, Knochen, Muskeln, Haut? Wir sind Mikrokosmen des Organismus Erde, wir müssen uns nur wieder dessen bewusst werden.

Bis Anfang des 20. Jahrhunderts hatten Arbeit, Werkzeuge und Produktionsmittel nicht die Ausmaße, dass man damit die Ressourcen der Welt erschöpfen kann, wie es heute der Fall ist. Seitdem sind nur wenige menschliche Gemeinschaften in diesem fast menschlichen Zustand übrig geblieben. Da die Welt komplett ungleich ist, blieben Leute außerhalb dieses zivilisatorischen Reigens, Leute, die sich nicht um den Konsum des Planeten bemühten. Zumindest wurden sie nicht zu Konsumenten im Sinne von Kundschaft, sondern konsumieren nur gelegentlich etwas aus der industriellen Welt, sind aber davon nicht abhängig, um weiter zu existieren. Es gibt noch Inseln auf dem Planeten, die nicht vergessen haben, was sie hier tun. Sie sind behütet von dieser Erinnerung an andere Sichtweisen von der Welt. Diese Leute sind die Heilung für den Fieberanfall des Planeten, und ich glaube, sie können uns positiv mit einer anderen Wahrnehmung des Lebens kontaminieren. Entweder hört man auf die Stimme all der anderen Wesen, die mit uns den Planeten bewohnen, oder man führt Krieg gegen das Leben auf der Erde.

DAS MORGEN STEHT NICHT ZUM VERKAUF

Ich habe aufgehört die Welt zu bereisen, habe Verabredungen abgesagt. Ich bin bei meiner Familie im Dorf Krenak am Mittellauf des Rio Doce. Seit fast einem Monat ist unser Reservat von der Außenwelt abgeschnitten. Wer draußen war, ist zurückgekommen, und wir wissen genau, wie riskant es ist, Leute von außerhalb zu empfangen. Wir kennen die Gefahr, die vom Kontakt mit Infizierten ohne Symptome ausgeht. Wir sind alle hier und hatten bisher noch keinen Krankheitsfall.

Zur Wahrheit gehört aber auch, dass wir schon lang auf unserem eigenen Territorium eingesperrt und zurückgezogen leben, einem etwa viertausend Hektar großen Reservat – das, wenn es mit rechten Dingen zuginge, viel größer sein müsste –, und diese unfreiwillige Abgeschieden- heit hat uns widerstandsfähig gemacht, wider- ständiger. Wie soll ich einer Person, die seit einem Monat in ihrer Wohnung in der Stadt einge- schlossen ist, meine Isolation erklären? Verzeihen Sie mir, dass ich es einfach so sage, aber ich habe Mais gepflanzt, einen Baum … Schon seit einiger Zeit trauern wir in unserem Dorf um unseren Fluss Rio Doce. Ich hätte nicht gedacht, dass die Welt uns nun auch noch diese andere Trauer be- scheren würde. Die ganze Welt steht still. Als In- genieure mir sagten, sie würden den Rio Doce mithilfe von Technik wieder in Ordnung bringen, fragten sie mich nach meiner Meinung. Ich sagte: »Mein Vorschlag ist in der Praxis schwer umzu- setzen, wir müssten jede menschliche Aktivität, die sich auf den Fluss auswirkt, auf einer Fläche von einhundert Kilometern rechts und links vom Flussufer einstellen, bis er wieder lebt.« Da sagte einer der Ingenieure zu mir: »Aber das geht nicht. Die Welt kann doch nicht plötzlich stillstehen.« Und nun steht die Welt still.

Wir machen zurzeit die Erfahrung von Social Distancing, wie die Abschottung genannt wird, und die Leute müssen sich abschotten. Wir indigenen Völker sind lange schon von Umbrüchen und der Ausrottung unserer Lebensweise bedroht; heute stehen wir alle gemeinsam vor der Situation, dass die Erde unsere Nachfrage nicht mehr erträgt. Wir sind Zeugen der Tragödie, dass an den unterschiedlichsten Orten der Welt die Leute sterben, in Italien werden Tote mit Lastwagen zu Krematorien abtransportiert.

Vielleicht hilft dieser Schmerz den Menschen, eine Antwort auf die Frage zu finden, ob wir tatsächlich eine Menschheit sind. Wir haben uns an den Gedanken gewöhnt, er ist selbstverständlich geworden, aber niemand mehr macht sich Gedanken darüber, was es bedeutet, »menschlich« zu sein. Wie spielende Kinder, die in der Fantasie ihrer Kinderzeit endlos weiterspielen. Nur sind wir erwachsen geworden, verwüsten gerade unseren Planeten, graben gerade einen riesigen Graben der Ungleichheit zwischen Bevölkerungen und Gesellschaften. Sodass es längst eine Menschheit unterhalb der Schwelle des Menschlichen gibt, die im Elend lebt, ohne die Möglichkeit, dort herauszukommen – auch das ist selbstverständlich geworden.

Der Präsident von Brasilien hat kürzlich gesagt, dass Brasilianer in der Kanalisation verschwinden könnten, und nichts würde passieren. Was wir an diesem Menschen beobachten können, ist angewandte Nekropolitik, eine Entscheidung für den Tod. Eine kranke Mentalität, die die Welt derzeit beherrscht. Und nun haben wir auch noch das Virus, einen Organismus hier von der Erde, der genau diesem kranken Denken entsprechend auf diese unnachhaltige Lebensweise reagiert, die wir aus freien Stücken gewählt haben, diese wunderbare Freiheit, die alle so gern für sich einfordern, nach deren wirklichem Preis aber niemand fragt.

Dieses Virus diskriminiert die Menschheit. Man muss sich nur umsehen. Die Bittermelone wächst hier nebenan ungerührt. Die Natur macht einfach weiter. Das Virus tötet die Vögel nicht, keine Bären, kein anderes Wesen, nur Menschen. Nur die Völker der Menschen in ihrer künstlichen Welt sind in Panik, ihre Art zu leben ist in die

Krise geraten. Was gerade passiert, ist entsetzlich, aber die Gesellschaft muss auch verstehen, dass wir nicht das Salz der Erde sind. Wir müssen den Anthropozentrismus aufgeben; außer uns gibt es noch etliches Leben. Niemand würde uns in der Biodiversität vermissen. Im Gegenteil. Wir haben von klein auf gelernt, dass es Listen der vom Aussterben bedrohten Arten gibt. Diese Listen werden immer länger, und gleichzeitig breiten die Menschen sich immer mehr aus, vernichten Wälder, Flüsse und Tiere. Wir sind schlimmer als Covid-19. Dieses Paket namens Menschheit hat sich vollkommen vom Organismus der Erde gelöst und befindet sich in einer zivilisatorischen Abstraktion, die jede Diversität unterdrückt und die Pluralität der Lebensformen, Existenzen und Lebensweisen verleugnet.

Die einzigen Gruppen, die noch in der Einsicht leben, dass sie sich an der Erde festhalten müssen, sind jene, die irgendwie übersehen wurden, an den Rändern, den Flussufern, den Stränden der Ozeane, in Afrika, Asien, Lateinamerika. Die nicht vollwertige Menschheit: Caiçaras, Indigene, Quilombolas, Aborigines. Es gibt einen exklusiven Klub namens Menschheit, der keine weiteren

Mitglieder aufnimmt, und eine ungehobelte, organische Unter-Menschheit, die an der Erde festhält. Der Menschheit nach diesem Modell fühle ich mich nicht zugehörig, fühle mich von ihr ausgeschlossen.

Für lange Zeit waren wir eingelullt von der Geschichte, wir seien die Menschheit und haben uns dadurch entfremdet von dem Organismus, zu dem wir gehören, der Erde. Wir dachten, die Erde sei eins und wir etwas anderes: Erde und Menschheit. Ich kann mir nicht vorstellen, dass es etwas anderes gibt als Natur. Alles ist Natur. Der Kosmos ist Natur. Alles, was ich denken kann, ist Natur.

Wir, die Menschheit, werden in künstlichen Umwelten leben, von großen Konzernen gebaut, denen das Geld gehört. Nun aber scheint dieser Organismus, das Virus, uns leid zu sein, scheint sich von uns trennen zu wollen, so wie die Menschheit sich von der Natur lösen wollte. Es will uns »ausschalten«, uns den Sauerstoff wegnehmen. Wenn Covid-19 die Lungen angreift, braucht die erkrankte Person ein Beatmungsgerät, eine Maschine, die sie mit Sauerstoff versorgt, sonst stirbt sie. Wie viele solcher Maschinen werden wir bauen müssen für sieben Milliarden Menschen auf der Erde?

Unsere Mutter, die Erde, gibt uns den Sauerstoff gratis, bringt uns zu Bett, weckt uns morgens mit Sonnenaufgang, lässt Vögel singen, den Wind wehen, schafft diese ganze wunderbare Welt für uns alle, und was machen wir daraus? Was wir gerade erleben, kann auch das Werk einer liebenden Mutter sein, die ihrem Kind sagt, es soll wenigstens mal für einen Augenblick den Mund halten. Nicht weil sie das Kind nicht mag, sondern weil sie ihm etwas zeigen will. »Kind, sei mal still«, sagt die Erde zur Menschheit. Und dabei ist sie noch so freundlich, dass sie es nicht einmal befiehlt, sondern nur kurz um Ruhe bittet. Auch das hat dieser »Lockdown« zu bedeuten.

Könnte ich zaubern, würde ich uns alle aus dieser Isolation holen, damit wir wieder den Regen spüren. Es ist Zeit, unseren Kindern Geschichten zu erzählen, ihnen zu erklären, dass sie keine Angst haben müssen. Ich bin kein Prediger der Apokalypse; was ich mitzuteilen versuche, ist die Möglichkeit einer anderen Welt. Um dieses Virus zu bekämpfen, müssen wir vor allem vorsichtig sein, und dann mutig.

Wir sehen, wie manche Leute sich dafür einsetzen, dass alle wirtschaftlichen Aktivitäten weitergehen, und sagen, es sei unvermeidlich, dass »einige sterben«. Diese Art von Betrachtung richtet sich gegen Leute, die ihre Großeltern lieben, selbst Großeltern sind, Eltern, Kinder, Geschwister. Es ist eine unvernünftige Aussage, denn es ergibt keinen Sinn, dass jemand, der noch bei Verstand ist, in aller Öffentlichkeit feststellt, dass »einige sterben«. Es ist die Banalisierung des Lebens, aber auch eine Banalisierung des Wortes. Denn die Person, die dies sagt, spricht ein Urteil, sowohl über Personen im fortgeschrittenen Alter als auch über deren Kinder, Enkel und alle Leute, die Mitgefühl haben. Soll ich ruhig bleiben bei dem Gedanken, meine Mutter oder mein Vater seien entbehrlich? Sie sind der Grund dafür, dass ich überhaupt lebe. Wenn sie entbehrlich sind, bin ich es auch.

Sehr dumme Regierungen glauben, die Wirtschaft dürfe nicht eingeschränkt werden. Aber die Wirtschaft ist eine von Menschen erfundene Tätigkeit, die auf uns angewiesen ist. Wenn Menschen in Gefahr sind, verliert jede menschliche

Tätigkeit an Bedeutung. Zu sagen, die Wirtschaft sei wichtiger, ist wie zu behaupten, das Schiff sei wichtiger als die Besatzung. So etwas tun Leute, die glauben, das Leben basiere auf Meritokratie und Machtkämpfen. Wir dürfen diesen Preis nicht länger zahlen und dabei auf unsere Fehler bestehen.

Michel Foucault hat ein wichtiges Werk geschrieben, »Überwachen und Strafen«, in dem er sagt, die Gesellschaftsordnung des Marktes, in der wir leben, betrachte den Menschen nur dann als nützlich, wenn er produziert. Mit dem Fortschreiten des Kapitalismus wurden Instrumente geschaffen, die leben und sterben lassen: Sobald das Individuum aufhört zu produzieren, wird es zu einer Belastung. Entweder du schaffst die Bedingungen, um am Leben zu bleiben, oder du schaffst die Bedingungen, um zu sterben. Was wir in allen Ländern mit Marktwirtschaft unter dem Begriff Sozialsystem kennen, hat seinen Preis. Die Regierungen glauben, wenn alle Menschen, die Ausgaben darstellen, sterben würden, wäre das wunderbar. Also: Lass alle sterben, die eine Risikogruppe sind. Das ist kein verrücktes Gerede; wer das sagt, ist nicht irre, sondern bei klarem Verstand, die Person weiß genau, was sie sagt.

Ich weiß lange schon, dass mein Gefühl der Gemeinschaft mit allem, was als Natur bezeichnet wird, eine Erfahrung ist, die von vielen, die in der Stadt leben, nicht sehr geschätzt wird. Ich habe schon Leute gesehen, die sich lustig machen: »Der redet ja mit den Bäumen, umarmt Bäume, unterhält sich mit dem Fluss, betrachtet einen Berg«, als sei dies eine Art Hirngespinst. Aber das ist meine Lebenserfahrung. Wenn es ein Hirngespinst ist, bin ich ein Spinner.

Schon lange nehme ich mir nichts für »später« vor. Wir müssen aufhören, sicher zu sein. Wir wissen doch gar nicht, ob wir morgen noch leben. Wir müssen aufhören, dieses Morgen zu verkaufen.

Ich muss an die Verse von Carlos Drummond de Andrade denken: »Stopp. / Das Leben hält an / oder war es das Auto?« Das hier ist jetzt ein wirklicher Halt. Der Rhythmus von heute ist nicht der von vergangener Woche und nicht der von Neujahr, Sommer, Januar, Februar. Die Welt heute ist in einem Schwebezustand. Ich weiß nicht, ob wir nach dieser Erfahrung dieselben sein werden wie vorher. Wie an einem Angelhaken werden wir ans Licht gezogen. Als würde uns jemand einen Stoß geben, damit wir endlich erkennen, was wirklich zählt.

Viele Leute haben ihre Projekte und Tätigkeiten unterbrochen. Die Leute glauben, man müsse nur auf das nächste Kalenderjahr warten. Aber wer Termine einfach nur verschiebt, als könne danach alles wieder wie vorher sein, lebt in der Vergangenheit. Die Zukunft ist hier und jetzt, nächstes Jahr wird es vielleicht nicht einmal geben. Niemand entkommt, nicht einmal die Leute, die mit Autokonvois in ihren importierten Wagen dafür demonstrieren, dass ihre Angestellten wie Sklaven zurück an die Arbeit gehen. Wenn sie das Virus erwischt, können sie daran sterben wie alle von uns. Mit oder ohne Land Rover.

Die Städte sind Energiefresser: Wenn der Strom ausfällt, sterben die Leute, eingeschlossen in ihren Wohnungen, ohne die Möglichkeit, auch nur nach unten zu kommen. Bisher hatten wir nicht die Urteilskraft, über die Konsequenzen einer Gesundheitskrise in den Ballungszentren nachzudenken, und ich muss gestehen, dass mir diejenigen, die in diesen Großstädten leben, leidtun. Viele Leute leben dort allein. Wir haben aufgehört, soziale Wesen zu sein, weil wir mit mehr als zwei Millionen Menschen an einem Ort sind.

In einem Artikel über die Pandemie, den ich gelesen habe, zitiert der italienische Soziologe Domenico De Masi das prophetische Buch »Die Pest« von Albert Camus: »Die Pest kann kommen und gehen, ohne dass sich das Herz des Menschen deshalb verändert.« Er zitiert einen Abschnitt aus dem Roman, in dem es heißt, dass »der Pestbazillus nie stirbt und nie verschwindet, dass er jahrzehntelang in den Möbeln und in der Wäsche schlummern kann, dass er in Zimmern, Kellern, Koffern, Taschentüchern und Papieren geduldig wartet und dass vielleicht der Tag kommen wird, an dem die Pest zum Unglück und zur Belehrung der Menschen ihre Ratten wecken und zum Sterben in eine glückliche Stadt schicken wird.«

Hoffentlich kehren wir nicht zurück zur Normalität, denn wenn wir es tun, wird der Tod Tausender Menschen auf der ganzen Welt keine Bedeutung gehabt haben. Die Menschen werden nach alldem nicht noch einmal mit Dutzenden

Kollegen am beengten Arbeitsplatz um Sauerstoff konkurrieren müssen. Die Veränderungen sind schon im Gange. Es ergibt keinen Sinn, dass eine Frau, um zu arbeiten, ihre Kinder bei einer anderen Person abgeben muss. Wir dürfen nicht wieder in diesen Rhythmus verfallen, sämtliche Autos wieder anwerfen, alle Maschinen zur gleichen Zeit.

Das wäre, wie unter die Leugner zu gehen, zu behaupten, die Erde sei eine Scheibe und wir müssten uns nur weiter gegenseitig auffressen. Dann hätten wir tatsächlich den Beweis erbracht, dass die Menschheit nicht mehr als eine Lüge ist.

DAS LEBEN IST NICHT NÜTZLICH

Im Moment erleben wir die Herausforderung einer Art Erosion des Lebens. Diejenigen, die von der Modernität, der Wissenschaft, dem permanenten Gebrauch neuer Technologien erfüllt sind, werden davon auch aufgefressen. Bei jedem weiteren Schritt hin zum technischen Fortschritt kommt mir dieser Gedanke: Wo wir vorbeikommen, verschlingen wir etwas. Die Anweisung, vorsichtig aufzutreten, damit kurz darauf keine Spur mehr von uns zu erkennen ist, wird zum Ding der Unmöglichkeit: Unsere Spuren werden mit jedem Mal tiefer. Und jede Bewegung, die jeder Einzelne von uns macht, machen wir alle. Die

Vorstellung, dass jede Person ihre eigene Spur auf der Welt hinterlässt, gehört der Vergangenheit an; wenn ich auf den Boden trete, bleibt dort nicht meine Spur zurück, sondern unsere. Es ist die einer Menschheit, die keine Richtung mehr hat und tiefe Spuren hinterlässt. Ein Kleinkind auf dem Schoß der Mutter bewegt ein Bein, und der Boden bricht ein. Denn dieses Kleinkind wird auf der Welt, in der wir heute leben, Hygieneprodukte benutzen, Windeln, Stoffe, Materialien, die irgendwo anders die Erde auffressen. Völlig unwillkürlich plündert es bereits den Planeten.

Ich habe eine wunderbare kleine Pflanze geschenkt bekommen mit kleinen Blättern, die man ernten, waschen und mit Öl und Zitrone essen kann. Sie ist voller Proteine und heißt Moringa (*Moringa olifera*; Meerrettichbaum). Meine Pflanze wuchs also da vor sich hin, im Garten, und irgendwann kamen am Abend die Ameisen und haben sie entdeckt. Als es mir auffiel, war an der Pflanze schon kein einziges Blatt mehr dran: Die Ameisen hatten alles abgefressen, nur der Strunk war noch da. Ich habe mich über die Ameisen geärgert … Genau so verhalten wir uns mit der Erde, wir fressen sie kahl, in einer kurzen Zeitspanne zwischen Mittag und dem frühen Abend. Die Ökologie ist aus der Sorge darüber entstanden, dass alles, was wir aus der Natur holen, irgendwann endlich ist, aber unser Verlangen danach ist unerschöpflich, und wenn unserem Verlangen keine Grenzen gesetzt werden, werden wir den Planeten vollständig auffressen. Die Empfehlung, unseren Verbrauch natürlicher Ressourcen zu verlangsamen, könnte ein Vorschlag sein, den Untergang dieser Welt zu vertagen, an manchen Orten jedoch ist dieser Untergang schon im Gange – ist schon gestern geschehen, könnte heute passieren oder vielleicht erst übermorgen. Man könnte einwenden: »Das ist allzu apokalyptisch, er will uns nur Angst machen!« Aber in Wirklichkeit sage ich überhaupt nichts Neues. Selbst in den Religionen der Weißen gibt es eine Geschichte darüber, dass die Menschheit sich anfangs über die Erde verteilt hat wie eine Plage. Ihr Gott wurde sehr wütend, denn sie hinterließen die Erde sehr schmutzig, also schickte er eine Überschwemmung, um sie zu zerstören. Dann schuf er eine andere, nagelneue, aber seine Menschheit benahm sich erneut so chaotisch und räuberisch. Das heißt, sogar in der Weltsicht der Weißen gab es schon einmal den Weltuntergang; sie gucken nur immer so verblüfft, wenn wir davon sprechen, weil sie sich nicht erinnern können.

Wir verschwinden allmählich, und mit uns die Welten, die unsere Vorfahren gepflegt haben, ohne das ganze Zubehör, das wir heute als unentbehrlich erachten. Die Völker im Wald spüren es am eigenen Leib: sehen den Wald verschwinden, die Bienen, den Kolibri, die Ameisen, die Flora; sehen, wie sich der Kreislauf der Bäume verändert. Wenn jemand jagen geht, ist er tagelang unterwegs, bis er auf Tierarten stößt, die früher rund um das Dorf herum lebten und sich den Raum mit den Menschen teilten. Die Welt um sie herum verschwindet. Wer in der Stadt lebt, macht diese Erfahrung nicht so intensiv, denn alles scheint dort automatisch zu sein: Man braucht nur die Hand auszustrecken und hat eine Bäckerei, eine Apotheke, einen Supermarkt, ein Krankenhaus.

Im Wald gibt es diesen Ersatz für das Leben nicht, es fließt selbst, und du spürst, welchen

Druck es entwickelt im Fluss. Das, was sie Natur nennen, sollte die Interaktion unseres Körpers mit der Umgebung sein, man sollte wissen, woher all das kommt, was wir essen, wohin die Luft geht, die wir ausatmen. Und außer der Feststellung »Ich bin selbst die Natur« sollte uns das Bewusstsein darüber, dass wir leben, so durchdringen, dass wir spüren, wie sehr der Fluss, der Wind und die Wolken unser Spiegel des Lebens sind. Ich habe sehr große Freude daran, dieses Gefühl zu erleben und versuche, es weiterzugeben. Ich respektiere aber auch, dass jede und jeder von uns seinen oder ihren Weg durch die Welt geht.

Über Tausende Jahre waren wir in den unterschiedlichsten Kulturen dazu angehalten zu glauben, wir Menschen könnten ungestraft auf den Planeten einwirken, und reduzierten diesen wunderbaren Organismus zu einer Kugel aus Elementen von dem, was wir Natur nennen – dieser Abstraktion. Wir haben uns Ausreden zurechtgelegt, um mit der Welt umzugehen, als sei sie formbares Material, das wir eckig machen könnten, flach, ausbreiten oder ziehen. Eine Vorstellung, die auch hinter wissenschaftlichen Untersuchungen steht, hinter dem Ingenieurwesen, der Architektur, der Technik. Die westliche Lebensweise hat die Welt zur Ware gemacht und gibt dies so selbstverständlich weiter, dass Kinder, die in dieser Logik aufwachsen, dies für eine umfassende Erfahrung halten. Die Anleitungen darüber, wie sie sich als Personen und in der Gesellschaft verhalten sollten, folgen bereits diesem vorgefertigten Muster: Sie werden Ingenieurinnen, Architekten oder Ärztinnen, Subjekte, die mit der Welt umgehen können, Krieg führen. Es ist alles schon eingerichtet. An dieser fertigen, traurigen Welt habe ich kein Interesse, sie hätte von mir aus längst untergehen können. Ihr Ende muss ich nicht unbedingt aufhalten.

Schlimm finde ich es, wenn in Schulen immer noch weiter dieses ungerechte System gelehrt wird. Was sie Bildung nennen, ist in Wirklichkeit eine Beleidigung der Gedankenfreiheit. Es bedeutet, einen Menschen, der gerade erst angekommen ist, sofort mit Gedanken vollzustopfen und dann auf die Welt loszulassen, um sie zu zerstören. Für mich ist das keine Bildung, sondern eine Fabrik des Irrsinns, den die Leute unbedingt weiter erhalten wollen.

Vielleicht führt der Stillstand durch die Pandemie dazu, dass ein paar Leute darüber nachdenken, warum sie ihre Kinder in eine Anstalt namens Schule schicken, und was dort eigentlich mit ihnen geschieht. Eltern haben damit ein Recht aufgegeben, das unveräußerlich sein müsste, die Weitergabe von Gelerntem, Erinnerung, als ein Vermächtnis an die nächste Generation, damit diese wenigstens ein Gefühl dafür hat, woher sie stammt. Wer heute von Vorfahren redet, ist Mystiker, Pajé, Priesterin, denn »gute Leute« kommen mit einem MBA von irgendwoher und werden so etwas kaum sagen. Sie sind wie ziellos umherstreifende Cyborgs, die aber die großen Bildungseinrichtungen leiten, die Universitäten und diese ganze Superstruktur, die der Westen aufgebaut hat, um die ganze Welt einzusperren.

Einmal habe ich öffentlich darüber gesprochen, dass der Nachhaltigkeitsgedanke nur eine persönliche Eitelkeit ist, und das hat viele Leute geärgert. Sie sagten, ich würde Dinge behaupten, die eine Reihe von Initiativen durcheinanderbringen, die Menschen darüber aufklären sollen, dass sie von allem zu viel verbrauchen. Ich bin auch der Meinung, dass wir uns dessen bewusst werden müssen, nur, durch die Erfindung eines Mythos der Nachhaltigkeit kommen wir damit nicht weiter. Wir machen uns nur etwas vor, wieder einmal, wie damals, als wir Religionen erfunden haben. Es gibt Leute, die kommen damit gut klar, sich in Yoga-Übungen zu verbiegen, sich über den Jakobsweg zu quälen oder auf den Himalaja, im Glauben, dies brächte sie weiter. In Wirklichkeit aber kratzt es nur an der Oberfläche und bringt niemanden über den Berg.

Natürlich ist dies eine Provokation gegen den Egoismus: Ich allein kann mich nicht retten, wir stecken da alle mit drin. Und wenn ich merke, dass ich alleine nichts ausrichten kann, eröffnen sich mir andere Perspektiven. Aus dieser Offenheit gegenüber anderen kann ein neues Verständnis des Lebens auf der Erde entstehen. Wenn du noch in der Kultur eines Volkes lebst, das sein Bewusstsein noch nicht verloren hat, Teil der Natur zu sein, übernimmst du das, brauchst es nicht wiederzufinden. Wenn du aber diese intensive Erfahrung der Stadt gemacht hast, ein Konsument des Planeten zu sein, dürfte der Weg zurück sehr viel schwieriger sein. Deswegen glaube ich, ist es unverantwortlich, den Leuten zu erzählen, wir könnten, solange wir nur recht viel Wasser sparen, uns biologisch ernähren und Fahrrad fahren, die Geschwindigkeit, mit der wir die Welt auffressen, verlangsamen – es ist eine hübsch verpackte Lüge.

Der ganze Gedanke, so etwas zu zertifizieren, all die Materialien, die wir verbrauchen, von der Verpackung bis zu den Inhalten, sollte infrage gestellt werden, bevor wir den Mund aufmachen und behaupten, in dieser Welt der Vermarktung und des Konsums könne irgendwas nachhaltig sein. Wir verwandeln die Ozeane in Müllkippen, für die niemand eine Lösung weiß, aber bestimmt gibt es irgendwo einen Biochemiker oder irgendeinen Schlauen mit einem Startup, der irgendwas ins Wasser geben will, um das ganze Plastik aufzulösen, und alles ist gut. An solchen Augenwischereien orientieren sich sogar die Jugendlichen, die zu Aufbaustudien nach Deutschland gehen, nach England, sonst wohin, und dann zurückkommen und noch fester von diesem Quatsch überzeugt sind. Sie kommen zurück, vollgestopft mit der Kompetenz, andere davon zu überzeugen, dass es weiterhin eine gute Idee ist, sich die Welt einzuverleiben.

Solange die materielle Basis unseres täglichen Lebens in Ordnung ist und funktioniert, fragt niemand, woher das kommt, was wir konsumieren. Die meiste Zeit holen die Leute kaum Luft und haben auch nicht das geringste Bewusstsein dafür, was für eine Art Essen sie sich in den Mund schieben. Erst wenn es zu einem Unglück kommt, beginnen die von der Versorgung abgeschnittenen Individuen zu leiden und sich zu hinterfragen. Wer eine große Katastrophe überlebt hat, überlegt sich, sein Leben zu ändern, weil er für eine kurze Zeit die Erfahrung gemacht hat, was es tatsächlich bedeutet, am Leben zu sein. Viele Völker erleben die Situation des Verlusts, der Katastrophe, des Krieges. Sich anzuhören, wie Leute es aus einem tiefen Trauma wieder herausschaffen, was sie tun, um sich umzuschauen und ihren Alltag wieder aufzunehmen, um »weiterzuleben«, wie man so schön sagt, kann sehr lehrreich sein, aber es ersetzt die eigene Erfahrung nicht.

Seit zwei Jahren lebe ich gemeinsam mit anderen Familien meines Volkes am linken Ufer eines Flusses, von wo wir unter pragmatischen Gesichtspunkten längst hätten evakuiert werden müssen wie die Leute aus Brumadinho, Bento Rodrigues und anderen Orten.* Die Krenak haben in ihre Umsiedlung nicht eingewilligt, wir wollten am Ort unseres Leides bleiben. »Aber ihr habt hier kein Wasser!« – Na und? »Aber ihr habt auch kein Essen!« Na und? »Aber ihr könnt sterben!« Na und? Wir wissen, dass unser Dorf schwer getroffen wurde, zu einem Abgrund geworden ist, aber wir stecken mit darin und werden nicht gehen. Es stört uns, aber man muss sich der Situation stellen, um bei klarem Verstand eine Antwort zu finden. Bei vollem Bewusstsein des Körpers, des Geistes, einem Bewusstsein darüber, was man ist. Und sich dann entscheiden, über die bloße Erfahrung des Überlebens hinauszugehen.

Eine Rettungsaktion hat das Ziel, den betroffenen Körper zu retten und anderswohin zu bringen, wo er wiederhergestellt wird. Wiederhergestellt kann er dann vielleicht wieder nützlich sein.

---

* In Brumadinho geschah 2019 der zweite Dammbruch einer Eisenerzmine mit mindestens 256 Toten und einer weitgehenden Zerstörung der Ökosysteme des Flusses Paraopeba. Bento Rodrigues ist der Stadtteil von Mariana, in dem sich 2015 der verheerende Dammbruch ereignete, der den Rio Doce verwüstete.

Immer von der Idee ausgehend, dass Leben nützlich sein muss. Aber Leben ist keineswegs nützlich. Das Leben an sich ist so wunderbar, dass unser Verstand ihm eine Nützlichkeit zuschreiben möchte, aber das ist Unsinn. Das Leben ist Freude, ist Tanz, aber ein kosmischer Tanz, den wir zu einer albernen, nützlichen Choreografie degradieren wollen.

Eine Biografie: Man wird geboren, hat dies getan, jenes getan, ist erwachsen geworden, hat eine Stadt gegründet, hat den Fordismus erfunden, eine Revolution gemacht, eine Rakete gebaut, ist in den Weltraum geflogen; all das ist eine lächerliche, kleine Geschichte. Wieso bestehen wir dermaßen darauf, das Leben zu etwas Nützlichem machen zu wollen? Wir müssen den Mut haben, radikal zu leben, anstatt um unser Überleben zu schachern. Wenn wir weiterhin unseren Planeten auffressen, werden wir vielleicht noch einen weiteren Tag überleben.

Ich sage immer wieder zu den Leuten in meinem Dorf und auch anderswo, dass schon das Überleben allein eine Verhandlung über das Leben ist, das allein schon eine großartige Gabe ist und nicht geringgeschätzt werden darf. Zum

Leben verhalten wir uns wie winzige Fische im riesigen Ozean, die reinste Erfüllung. Einem Fisch wird niemals der Gedanke kommen, der Ozean sei nützlich, denn der Ozean ist das Leben. Von uns aber wird ständig verlangt, nützliche Dinge zu tun. Deshalb sterben so viele Leute zu früh, geben den ganzen Unsinn auf und verschwinden. Einmal hat mich jemand gefragt: »Warum nehmen sich so viele junge Indigene das Leben?« Weil sie das Leben erbärmlich finden und diese Erfahrung hier so ungesund, dass sie lieber woandershin gehen. Ich weiß, dass es schmerzhaft ist, das so zu sagen, denn viele Familien haben Kinder verloren, Jugendliche, junge Erwachsene, aber wir brauchen keine Angst zu haben, nicht einmal davor.

Die Erfahrung zu machen, das wirkliche Leben zu genießen, sollte das Wunder der Existenz sein. Dagegen mag man einwenden: »Es gibt aber so viele Leute mit materiellen Problemen an elenden Orten voller Gewalt ...« Aber genau diese Orte voller Elend und Gewalt haben wir erst geschaffen, sie sind nicht von sich aus entstanden. Alle Kriege werden von uns geführt. Natürlich dürfen wir uns auch nicht diesem Schicksalsgedanken ergeben: »Herrje, die vielen Leute, die so sehr gelitten haben, sie hatten Pech, sind gestorben, es war eben Schicksal.« So etwas wäre erbärmlich! Es ist weder ihr Schicksal noch meins noch von sonst irgendwem: Wir sind hier, um das Leben zu genießen, und je mehr wir uns der Existenz bewusst werden, desto intensiver erleben wir sie. Ohne Selbstbetrug. Wenn du erst in die Kirche rennen musst, in einen Aschram, in die Moschee oder zu einer Kultstätte des Candomblé, um dort Frieden zu finden, pass auf, denn es mag eine Übung sein, aber vielleicht nicht alles, was du erwartest. Die Religionen, die Politik, die Ideologien taugen als Rahmen für ein nützliches Leben sehr gut. Aber wer an einem Leben in Nützlichkeit interessiert ist, findet wohl auch diese Welt grandios: Ein riesiges Einkaufszentrum. Die großen Tempel der Gegenwart sind die Einkaufszentren (auch die, die wirkliche Tempel sind).

Die ursprünglichen Völker sind nicht deswegen noch auf dieser Welt, weil man sie ausgeschlossen hat, sondern weil sie entkommen sind. Daran sollte man immer denken. In vielen Regionen der

Erde haben sie mit aller Kraft und mit allem Mut Widerstand geleistet, um nicht völlig verschlungen zu werden von dieser utilitaristischen Welt. Die eingeborenen Völker widerstehen dem Angriff der Weißen, weil sie wissen, dass sie irren, und werden dafür meist selbst wie Verrückte behandelt. Dieser Hetzjagd zu entkommen, ein Leben zu führen, das nicht der Idee einer Nützlichkeit erlegen ist, schafft einen Ort innerer Stille. Dort, wo man heftige Eingriffe der Nützlichkeit in das Leben erdulden musste, ist die Erfahrung der Stille beschädigt.

Bei der Invasion Tibets zum Beispiel wurde ein ursprüngliches Volk überrannt, das über Generationen einen Zustand der Achtsamkeit gelebt hatte, innere Stille pflegte und das Leben genießen konnte. Es wurde mitten in dieses Durcheinander des Lebens geworfen, in dem die Stille die ganze Zeit über von Dringlichkeiten überfallen wird, die um uns herum aus dem Boden zu schießen scheinen. Scheinen. Denn diese Ereignisse haben dieselbe Konsistenz wie die Spuren, die wir auf der Erde hinterlassen. Das leere Denken der Weißen kommt nicht mit der Idee klar, einfach so auf der Welt zu sein. Sie glauben, unser Existenzgrund sei die Arbeit. Sie haben die anderen so versklavt, dass sie nun auch sich selbst versklaven müssen. Sie können nicht einfach aufhören und das Leben als eine Gabe genießen, einfach nur die Welt als wunderbaren Ort. Diese mögliche Welt, die wir alle teilen können, muss gar keine Hölle sein, sie kann schön sein. Das macht ihnen entsetzliche Angst, und sie nennen uns faul und sagen, wir wollten uns nicht zivilisieren lassen. Als sei dieses »zivilisieren« eine Bestimmung. Es ist ihre Religion: die Religion der Zivilisation. Das Repertoire ändert sich, aber der Tanz ist derselbe, die Choreografie bleibt die gleiche: Hart mit dem Fuß auf die Erde stampfen. Unser Tanz ist das leise Auftreten, ganz leicht.

Ich habe diese großen Städte der Welt immer als eine Art Implantat auf dem Körper der Erde betrachtet. Als könnten wir sie, weil wir nicht zufrieden sind mit ihrer Schönheit, anders gestalten. Doch wir sollten die Übergriffe auf ihren Körper einstellen und ihre Integrität respektieren. Wenn die Indios sagen: »Die Erde ist unsere Mutter«, sagen die anderen: »Wie poetisch sie sind, was für ein schönes Bild!«

Aber es ist keine Poesie, sondern unser Leben.

Wir haften am Körper der Erde, wenn jemand auf sie einsticht, sie verletzt oder kratzt, bringt er unsere Welt durcheinander.

Jedes Individuum dieser Zivilisation, die gekommen ist, um die indigene Welt auszuplündern, beteiligt sich aktiv an diesem Raubzug. Und sie sind sogar davon überzeugt, dass es richtig ist, was sie tun. Es scheint Weiße unglaublich zu stören, dass indigene Völker Privateigentum nicht als bedeutsam erachten. Es ist ein Erkenntnisproblem. Die Weißen sind zu Urzeiten aus unserer Mitte hervorgegangen. Sie haben mit uns gelebt, dann aber vergessen, wer sie einmal waren, und leben seitdem auf andere Weise. Sie haben sich an ihre Erfindungen geklammert, an ihre Werkzeuge, ihre Wissenschaft und Technologie, haben sich verrannt und den Planeten geplündert. Wenn wir uns nun wiederbegegnen, herrscht eine Art Zorn darüber, dass wir auf einem Weg auf der Erde geblieben sind, den sie nicht hatten weitergehen können.

Nun ist es aber so, dass der Klimawandel auf der Erde niemanden verschont, also entsteht langsam, wenn auch spät die Erkenntnis darüber, dass die ursprünglichen Völker an unterschiedlichen Orten der Welt sich noch sehr wertvolle Lebensweisen erhalten haben, die möglicherweise geteilt werden können – auch sie sind bedroht. Uns bleibt nun, diese Erfahrung zu machen, die Erfahrung der Katastrophe ebenso wie der Stille. Die Erfahrung der Stille möchten wir sogar manchmal machen, die der Katastrophe nicht, denn sie ist schmerzhaft. Wir Krenak haben uns entschlossen, in der Katastrophe zu bleiben, uns braucht man nicht hier herauszuholen, wir gehen durch diese Wüste, müssen durch sie hindurch. Oder willst du jedes Mal wegrennen, wenn du eine Wüste siehst? Wenn sich eine Wüste vor dir auftut, überquere sie.

QUELLENVERZEICHNIS

Texte und Interviews

Bahiana, Ana Maria. »Transformamos os pobres em consumidores e não em cidadãos, diz Mujica« (»Wir machen die Armen zu Konsumenten anstatt zu Bürgern, sagt Mujica«). bbc News Brasil, 21. Dez. 2018: <https://www.bbc.com/portuguese/brasil-46624102>. Abruf: 10. Mai 2019.

Castro, Eduardo Viveiros de. *A inconstância da alma selvagem*. São Paulo: Ubu, 2017.

Galeano, Eduardo. *Die offenen Adern Lateiname-rikas*. Übers. aus dem Spanischen von Leonardo Halpern und Anneliese Schwarzer de Ruiz. Wup-pertal: Peter Hammer Verlag, 1983 ff.

Galeano, Eduardo. *Erinnerung an das Feuer.* Übers. aus dem Spanischen von Monika López. Wuppertal: Peter Hammer Verlag, 1992 ff.

Kopenawa, Davi; Albert, Bruce. *La chute du ciel.* Paris: Ed. Pocket, 2014.

Kopenawa, Davi; Albert, Bruce. *La chute du ciel. Paroles d›un chaman yanomami.* Paris: Plon, 2010.

Santos, Boaventura de Sousa. »Para além do pen-samento abissal: das linhas globais a uma ecolo-gia de saberes«. Novos Estudos Cebrap, São Paulo, n. 79, Nov. 2007: <http://www.scielo.br/scielo.php?script=sci_arttext&pid=S0101-33002007000300004>. Abruf: 10. Mai 2019.

Bücher und Artikel

Camus, Albert. *Die Pest.* Übers. aus dem Französischen von Guido G. Meister. Bad Salzig: Karl Rauch Verlag, 1949 ff / Neuübersetzung von Uli Aumüller. Reinbek: Rowohlt, 1998 ff.

De Masi, Domenico. »Coronavírus anuncia revolução no modo de vida que conhecemos«. Übers.: Francesca Cricelli. Folha de S.Paulo, 22. März 2020: <https://www1.folha.uol.com.br/ilustrissima/2020/03/coronavirus-anuncia-revolucao-no-modo-de-vida-que-conhecemos.shtml>. Abruf: 1. Juli 2020.

Foucault, Michel. *Überwachen und Strafen: Die Geburt des Gefängnisses.* Übers. aus dem Französischen von Walter Seitter. Frankfurt am Main: Suhrkamp, 1976 ff.

Ribeiro, Sidarta. *O oráculo da noite: A história e a ciência do sonho.* São Paulo: Companhia das Letras, 2019.

Rolnik, Suely. *Esferas da insurreição: Notas para uma vida não cafetinada*. São Paulo: n-1, 2018.

Wallace-Wells, David. *Die unbewohnbare Erde: Leben nach der Erderwärmung*. Übers. aus dem Englischen von Elisabeth Schmalen. München: Ludwig Buchverlag, 2019

Gedichte und Lieder

Andrade, Carlos Drummond de. »Cota zero«. In: *Alguma poesia*. São Paulo: Companhia das Letras, 2013. p. 60.

Andrade, Carlos Drummond de. »O homem; as viagens«. In: *As impurezasdo branco*. Companhia das Letras: São Paulo, 2012. pp. 27–9.

Gil, Gilberto. »Refazenda«. Von der LP *Refazenda*. Philips, 1975.

Veloso, Caetano. »Um índio«. Von der LP *Bicho*. Philips, 1977.

Filme und Videos

2001: Odyssee im Weltraum. Regie: Stanley Kubrick. Drehbuch: Stanley Kubrick und Arthur C. Clarke. Los Angeles: MGM, 1968. 149 min.

Ailton Krenak e o sonho da pedra. Dokumentarfilm. Regie und Drehbuch: Marco Altberg. Produktion: Bárbara Gual und Marcelo Goulart. Rio de Janeiro, 2017. 52 min.

Castro, Eduardo Viveiros de. *Os involuntários da pátria.* Eröffnungsvortrag der Reihe »Questões Indígenas« im Teatro Maria Matos, Lissabon. <https://www.arquivoteatromariamatos.pt/explorar/conferencia-de-eduardo-viveiros-de-castro/>. Abruf: 10. Mai 2019.

Vernon Foster über die Pandemie: <https://www.youtube.com/watch?v=R6XbXM_Gn_E>. Abruf: 1. Juli 2020.